いざという時の生活保護の受け方

元国税調査官
大村大次郎

かや書房

はじめに

本書は、生活保護を受ける方法について解説したものです。

生活保護を受けてみては? などと言うと、「バカにするな! 俺は生活保護なんて関係ない」と思ってしまう方も多いと思います。

まあ、少し私の話を聞いてください。

今後の日本は、「普通の人」でも生活がしにくい状態です。

たとえば年金だけでは到底、老後の生活はできず、国のほうから「2000万円以上のお金が必要」などと提言がされています。しかも多くの人は2000万円でも、必ずしも十分とは言えないのです。我々がもらえる公的年金はかなり少なく、多くの人が生活保護以下の水準しかもらえない可能性があります。

また現在の公的年金というのは、夫婦が両方ともにもらえた場合を想定して設計されています。つまりは、夫婦の年金を合わせた金額で、どうにか暮らせるようになっているのです。

ということは、独身の人や熟年離婚した人などは、一人分の公的年金しかもらえないので、生活していけない可能性が高まるのです。

今は、「生活保護などは関係ない」「年金もそれなりにもらえるはず」と思っている人でも、今後、日本社会はどうなるかわかりません。円安が止まらず物価上昇が続き、年金の価値が半減してしまう可能性もあるのです。

そういうときのために、**いざとなったらいつでも生活保護を申請できるような、心構えというか、最低限度の知識は持っていて損はない**はずです。

生活保護の受給は、国民の誰しもが持つ当然の権利です。

そして、国民の生活を守る最後のセーフティーネットでもあります。

国は国民の生活を守る義務がありますし、国民は最低限度の生活を享受《きょうじゅ》できる権利があります。だから、日本国民で一定以下の収入の人は、誰でも受給できるのです。

しかし現在、日本人で生活保護以下の収入の人の7割くらいは、生活保護を受給していないと見られています。日本人には、社会に迷惑をかけたくないという心情があり、なかなか生活保護を申請できないのです。

そんなやせ我慢をせずに、困ったときには遠慮せずに生活保護を受けよう、というのが本書の趣旨です。いざというときのためにぜひご一読ください。

大村大次郎

いざという時の生活保護の受け方

目次

装丁●柿木貴光

第1章

生活保護は意外と簡単

生活保護を受けられる4つの条件とは？

日本の生活保護には大きな問題があります。

それは「役所の職員が不当に生活保護受給を阻止する」という問題です。自治体によっては、予算の関係で生活保護を出し渋るところもあります。そういう自治体では、窓口の職員が適当なことを言って、生活保護の申請をさせないというようなことがよくあるのです。

本当は生活保護を受ける資格があるのに、職員が窓口で追い返すのです。これは本来なら違法行為であり、先進国ではあり得ないようなことです。しかし、日本の自治体の一部では慣習的にこういうことが行われてきたのです。

これを防ぐには、生活保護の知識を持っておかなければなりません。

生活保護の申請自体は、それほど難しいものではないので、生活保護を受ける資格があり、ちょっとした知識さえあれば、簡単に受けられます。役所の職員がいかに適当なことを言って阻止しようとしても、普通に申請すればいいだけなのです。

しかしそのためには、**生活保護に関する基本的な仕組みを知っておく必要があります。**

まずは、生活保護を受けられる条件を確認しておきます。

生活保護を受けられる条件というのは、実は非常に単純です。現行の法制では、生活保護を受ける条件は、次の４つとなっています。

1　日本人であること。

2　生活保護の申請がされていること。

3　収入が基準以下であること。

4　資産が基準以下であること。

この４つの条件さえクリアしていれば、生活保護は誰でも受けることができるのです。**本来、生活保護というのは、驚くほどハードルが低いものなのです。**

この４つの条件に関しても、別に難しい解釈は必要ありません。ごくごく単純にこの条件をクリアしていればいいのです。

つまりは、日本人であり、収入と資産が基準以下の人が、生活保護の申請を出しさえすれば、必ず生活保護が受給できるものなのです。また日本人でなくとも、難民認定者や永住者、もしくは日本人や永住者の配偶者などは、生活保護を受けることができます。収入や資産の基準なども、各自治体で明確に決められています。役所の職員が恣意《しい》的に決めるようなものではないのです。

また生活保護は、「働ける人は受給できない」というふうにも言われています。しかしこれは、単なる都市伝説です。本人は働ける状態でも、自分にできる仕事がないケースは多々あります。だから、本人が働ける健康体だから、役所が生活保護の受給を却下できる、というものではないのです。

このように、生活保護というのは、本来、窓口の職員が受給させるかどうかを判断する余地はまったくないのです。**条件さえ満たしていれば、誰でも受けられるものなのです。**むしろ、窓口の職員の恣意的な操作ができないからこそ、職員は法的にギリギリ、いや違法ともいえるような妨害をして、生活保護を受給させまいとしてくるのです。

もちろん、窓口職員のこの妨害工作も、淡々と法に沿《そ》った手続きさえ取っていれば、何の影響もないのです。

意外に多くの人が該当する

まず生活保護の受給条件となる、収入や資産の基準についてご説明したいと思います。
生活保護を受給できる基準というのは、厚生労働省が定めています。基準額は、家族構成によっても違ってくるし、各市区町村によっても若干違ってきます。

この基準額は、厚生労働省のサイトに載っています。

都市部の一人暮らしの50歳の人の場合、家賃を除いて約８万円以下の収入であれば、生活保護を受けられます。

つまりこの人がもし家賃４万円のアパートに住んでいた場合は、約12万円以下の収入であれば生活保護が受けられるということです。

地域によって基準額の差はありますが、一人暮らしではおおむね月12万円以下の収入ならば生活保護を受けることができます。

これは、月12万円以下の収入になったら生活保護が12万円もらえるということではありません。基準を下回った場合には、その下回った分だけをもらえるのです。

たとえば、月10万円の収入しかない場合は、家賃のほか2万円ほどの生活保護がもらえるのです。本来はもう少し複雑な計算となりますが、ざっくりいえばそういうことです。

生活保護というと、「生活費が丸々もらえるので勤労意欲がなくなる」というようなことが言われますが、それは誤解です。

働いていても収入が少ない場合は、一定の水準まで収入を補填《ほてん》してくれる制度でもあるのです。だからワーキング・プアの状態の人や、年金が不足している人は、遠慮せずに生活保護を申請すべきなのです。

また**家族が多ければ、生活保護の基準額は高くなります**。

夫婦二人の場合は、だいたい18万円以下の収入であれば、生活保護の対象となるのです。夫婦に小中学生の子供二人の家庭の場合は、だいたい25万円以下の収入であれば生活保護が受けられます。

これはかなり可能性の高い金額だといえるのではないでしょうか？

失業したり、フリーターをしたりしている50代以上の一人暮らしの人は、都心部にはかなりいると思われますが、その中で12万円以下の収入しかない人も多いはずです。

夫婦二人の年金生活で、18万円以下という人もいるでしょう。また子供が二人いる夫婦で、月収が25万円以下という人もかなりいるはずです。

もちろん、その多くは生活保護の申請をしていないのです。

お金は半月分の生活費しか持ってはならない

次に資産の基準についてご説明したいと思います。

生活保護を受けるためには「半月分の生活費以下のお金しか持ってはいけない」ということになっています。

また地域によっては車も持ってはならないことになっています。車を持っている場合は、まずその車は売り払わないといけません（仕事や生活する上でどうしても車が必要な場合は、車の所有が認められることもあります）。

生命保険にも加入してはいけないことになっています。生命保険に加入している人は、解約してからでないと生活保護は受給できません。ただし、学資保険の一部と、掛け捨て保険の一部は加入していてもいいことになっています。目安としては、掛け金が生活費の1割程度までとなっています。

生活保護の条件の中で、この資産基準が一番きついといえるでしょう。

生活保護を受給するためには、建前としては、預貯金の保有はほとんど認められないのです。ただし、生活保護を申請してから、支給が決定するまで2週間程度を要するので、その間の生活費分の貯金は認められます。

半月分の貯金しか認められない、というと、生活保護が支給されるまではギリギリの生活ということになります。もし生活保護の申請が却下されたら、ということを考えると、当人は死ぬほど不安なはずです。

また「車を持ってはならない」という条件のために、生活保護を受ける際に、わざわざ車を手放す人も多いそうです。しかし車を手放せば、通勤に支障が出て仕事ができなくなる、というケースも多々あります。

こういう点が、現実の市民生活とはかけ離れた感覚であり、生活保護の大きな問題点でもあります。

行政は、こういう部分は絶対に改善すべきだと筆者は思います。

家を持っていても生活保護は受けられる

前項まで、生活保護という制度の基本的な仕組みをご紹介してきました。

次に生活保護にまつわる様々な誤解を解いていきたいと思います。

その一つに、「家を持っていたら生活保護を受けられない」というものがあります。

しかし本当は、**家を持っていても生活保護は受けられる**のです。

今、自分で住んでおり、ローンが残ってない家ならば、手放さなくてもいいのです。一戸建てに限らず、分譲マンションなどでも同様です。だから、マンションに住んで生活保護を受ける、ということも可能なのです。

また貸地に自分が家を建てて住んでいる場合も、所有できます。この場合は、地代分を住宅扶助《じゅうたくふじょ》として受け取ることができます。ただし、地代が住宅扶助の上限を超えるような高い土地に住んでいる場合は、転居を指導されることもあります。

ローンが残っている家は処分しなくてはなりません。ローンが残っている場合は、生活保護費を支給すればローンの支払いに充《あ》てられてしまい、それは生活費ではない、という解釈になっているのです。

貸家や貸地などの不動産を持っている場合も、処分しなくてはなりません。ただし農地など、収入に関わるものについては認められることもあります。

生活保護を受けている人はどこに住んでもいい？

生活保護に関する誤解として、「生活保護を受ける場合は、市営住宅など家賃の安いところに住まなければならない」というものがあります。

しかし、これも誤解です。

実は**生活保護を受けている人にも、住む場所の制限などはない**のです。

ただし賃貸住宅に住んでいる場合、生活保護で支給される家賃の上限が定められています。家賃の上限は地域や家族構成によって、違いがあります。

ちなみに東京23区内で家族三人の場合は、6万9800円が上限です。この上限を超える物件に住んでも、原則は構いませんが、家賃は上限までしか支給されないので、はみ出た分は、残りの生活保護費から払わなければなりません。

極端な話をすれば、家賃が20万円もする高級マンションに住んでいてもいいわけです。その分の家賃は出ないというだけです。生活保護費から出る家賃は６万９８００円（東京23区などの場合）だから、家賃20万円のうち13万２００円を自分で負担すればいいということになります。しかしながらこれは数字上のことだけで、実際にそういうことがあれば、福祉事務所などから指導があるでしょう。

この生活保護の家賃補助制度は、確かにいいことはいいのですが、筆者は、むしろ家賃の安い公営住宅を増やしたほうがいいと考えています。

日本は先進諸国の中でも、公営住宅が非常に少ない国なのです。現在、苦しい生活を余儀なくされている人にとって何が一番大変かというと、おそらくは家賃です。だから、家賃の安い公営住宅をもっと増やせば、助かる人はたくさん出てくるはずです。

話がそれましたね。

とにかく、現在の生活保護の制度では、住む場所は原則自由に決められ、一定の家賃補助が受けられるということです。

テレビ、エアコン、高校進学もOK

生活保護の誤解の中で、「テレビやエアコンを保有してはならない」というものもあります。しかし生活保護の受給資格としては、テレビやエアコンの保持は関係ありません。つまり、持っていてもいいのです。

以前はテレビやエアコンは不可だとされていましたが、現在では許されています。「生活保護受給者には贅沢は許されない」という原則がありますが、テレビはほとんどの世帯が持っており、すでに贅沢品とは呼べないからです。

エアコンも多くの家庭が所有し、エアコンがなければ場合によっては熱射病などになる恐れもあります。

ケースワーカーからエアコンを取り上げられた生活保護受給者が脱水症状で入院するという事件が起きてからは、認められるようになったのです。

このように生活保護受給者が保有してはならない「贅沢品」というのは、時代によって変わっていくのです。

生活保護は、憲法第25条の「国民は健康で文化的な最低限度の生活を営む権利を有する」という条文から来ている制度であり、国民の文化程度が上がれば、必然的に〝最低限度の生活〟のレベルも上がるということです。

だから、以前は贅沢だとされていたものでも、一般家庭に普及したものについては、だいたい認められるといえます。

何が贅沢品かは、ケースワーカーの判断にもよります。贅沢品を指摘するのはケースワーカーなので、ケースワーカーが許せばＯＫなのです。

以前はパソコンはダメと言われていましたが、いまは10万円以下の価格のパソコンであれば認められています。パソコンはほとんどの人が持っているし、求職活動などにも必要なことがあるからです。携帯電話も現在では求職などでも必要なので、許されています。

また以前は、生活保護を受給している家庭では、高校進学ができないという時期もありましたが、現在では高校進学も認められ、学費も支給されています。

生活保護受給者でも貯金はできる

生活保護に関する誤解の中には、「生活保護受給者は貯金ができない」というものもあります。これは、半分嘘で半分本当です。

前述しましたように生活保護を申請する際には、「生活費半月分以上の貯金があってはならない」となっています。だから貯金が多い人は、生活保護は受けられません。

しかし、貯金の多寡《たか》が問われるのは、生活保護を申請するときだけです。一旦、生活保護の受給が開始されれば、**支給された生活保護費を切り詰めて貯金することは許されています。**

以前は、「生活保護費というのは生活費なのだから、貯金は許されない。貯金する余裕があるならば、国に返すべし」という考え方が取られていました。だから、生活保護者が貯金をしていれば、その分の生活保護費が減額されることになっていたのです。

しかし、2004年ごろからそれが変わりました。裁判で、生活保護受給者の貯金が認められるケースが相次いだのです。

たとえば、生活保護を受けていた福岡市の夫婦が長女の高校進学のために、学資保険を積み立てていたところ、満期返戻金を受け取ったときに、福祉事務所はそれを「収入」だとして生活保護費を減額しました。この件で、夫婦は福岡市を訴え、２００４年に最終的に最高裁で勝訴したのです。

これらの判決以降、生活保護受給者でも、一旦もらった生活保護費は自由に使っていいし、貯金をすることも許されることになったのです。

生活保護は「申請」が必須

生活保護の受給に関して、覚えておいていただきたいもっとも重要なことがあります。

「生活保護は申請しなければ絶対にもらえない」

ということです。

福祉事務所のケースワーカーや民生委員などが、生活に困っている人の存在に気づいて申請をしてくれるというようなことはあり得ないのです。もしかしたら地域の福祉団体の人たちなどが、「申請したらどうですか」と声をかけてくれるようなこともあるかもしれませんが、昨今の世知辛《せちがら》い世の中、そういうこともあまりないようです。

生活保護の制度は「申請主義」といって、自分から申請しなければ受けられないことになっています。

駅周辺などにいるホームレスを見て、「国はなぜあの人たちに生活保護を受けさせてやらないのだろう」と思う人も多いはずです。それはこの「申請主義」のためなのです。

繰り返しますが、福祉事務所のケースワーカーたちがホームレスの人たちに対して、代わりに生活保護を申請してくれたりはしないのです。ＮＰＯなどの人たちが稀《まれ》に世話をしてくれることはありますが、原則として役所から進んで手を差し伸べることはないのです。だから生活保護を受ける場合は、自分で決断し、自分で申請をしなくてはなりません。ただし弁護士や福祉団体などが無料で相談に乗ってくれる制度はたくさんあります（詳細は後述）。

借金をする前に生活保護を受けよう

生活保護をスムーズに受けるために、一番大事なことは「早く決断する」ということ

です。

というのも、生活保護は、ぐずぐずしていると、非常に受けにくくなるからです。

なぜぐずぐずしていると受けにくくなるのか？　というと、まず一番大きいのが借金問題です。

生活保護は、借金があるからといって受給できないものではありません。しかし、借金がある人は、自己破産などをして借金を清算する必要が出てくるのです。

借金がある人が生活保護を受けた場合、生活保護費が借金の清算に回る恐れがあり、それは「生活費の支給」という生活保護の趣旨に反するからです。

自己破産などの手続きは非常に面倒な作業で、時間もかかります。生活保護を受けたいと思っている人にとって、その時間というのは、命取りになりかねません。

そして、借金というのは、生活保護の手続きがしにくくなるだけではなく、その後の生活全般に悪影響を及ぼすことも多いのです。

闇金などに手を出してしまった場合、生活保護の受給手続きをうまくクリアしても、その後もずっと付きまとわれる恐れもあります。

生活保護の支給時に、役所の外に闇金の取立人が待っている、というようなケースも少なからずあるのです。

そうなると、せっかく生活保護を受給できても、自分の生活費には回らず、闇金に流れてしまうとことになってしまいます。

だから生活が苦しくなって、変な借金に手を出さなくてはならない状況になったら、借金をする前に、生活保護の手続きを受けるべきだと言えます。

生活に困っている人には、なかなかこの決断ができません。「とりあえずこの場をしのごう」ということで、借金をしてしまいがちです。しかし、収入のあてがないときに借金をすれば、決定的な悪循環にはまってしまいます。

生活保護をスムーズに受ける第一のコツは、「素早く決断すること」なのです。

生活保護を受けるかどうかの決断は「家賃」

前項では、生活保護を受けるには、素早く決断することが大事だと述べました。

しかし何を基準にして決断すればいいのか、普通の生活をしているなかではなかなかわかりづらいと思われます。

なので、一つの基準をここで提示しておきたいと思います。

それは**「家賃」**です。

家賃を払えなくなったとき、もしくは払えなくなりそうなときに、部屋を追い出される前に生活保護の申請をするのです。

ホームレスになった人の多くは、収入が激減したり、途絶えたりして、生活費がひっ迫していって、家賃を滞納するようになり、やがて部屋から追い出されて、やむなく路上生活になる、というパターンが非常に多いのです。

しかし住む家を失ってしまうと、生活保護の受給手続きがかなり面倒になるのです。

生活保護は、住民票がなければ受けられない、と言われることがありますが、これは嘘です。

生活保護というものは、憲法で定められた国民の権利であり、国が保障するものです。

だから、住所がなくても、生活保護は受けられます。

しかしながら、手続き的には、非常に面倒になるのです。

生活保護の窓口は、自治体（市区町村）になっています。そのため、住民票がなければどこの自治体が窓口になるのか特定できないことになります。だから、ホームレスの人が生活保護の申請をしても、役所が「管轄地に住んでいない」ということを言い訳にして、生活保護を受け付けないのです。

市区町村というのは、「住民」に対する行政サービスを行うのであり、「住民」でなければサービスを行う必要はない、という論法です。この論法は、本来は違法なことです。自治体というのは、窓口に過ぎません。だから、住所地がなく、窓口となる自治体がないからといって、生活保護を受ける権利が消失したわけではないのです。

たとえばホームレスの人が、自分が住んでいる公園の自治体に生活保護の申請をすることもできます。その人がその公園に住んでいるという実態があり、収入、資産などの条件さえ満たしているならば、自治体は生活保護を支給しなければならないのです。

ただ個人レベルでは、住民票がなければなかなか生活保護が受けにくいという現状があります。

自治体の窓口に行って、生活保護の申請をしようとしても、「あなたはこの地域の住民ではないので、この役所の管轄ではありません」と言われれば、普通の人は、なかなかそれ以上立ち向かうことができないからです。自治体の職員は、その自治体の行政には責任を持たなければなりませんが、その自治体の管轄外のことには責任を持たなくていいという建前だからです。

住民票がない人の場合は、ＮＰＯ法人や弁護士、司法書士などの手助けがなければ、なかなか生活保護は受けられません。もちろん、いざとなったら、彼らの手助けを受ける方法もあります（その方法は後述）。

しかしながら、まずはそういう状況になる前に、決断することです。

「来月の家賃が払えそうにない」

という状況になったら、迷わずに生活保護の申請をすることです。

生活保護申請の手順

では、生活保護を受けるための具体的な手続きなどをご紹介したいと思います。生活保護の手続きは、次のような手順となります。

1　事前の相談

自分の居住地域を管轄する福祉事務所に行って、生活保護担当課で相談します。生活保護担当課では、生活保護の説明のほかに、生活福祉資金などの説明も行います。

2　保護の申請

相談が終わると、生活保護の申請をすることになります。生活保護の申請をすると、役所側は、以下の調査を行います。この調査はだいたい2週間以内には終わります。

- 生活状況などを把握するための実地調査（家庭訪問など）
- 預貯金、保険、不動産などの資産調査
- 扶養義務者による扶養（仕送りなどの援助）の可否の調査
- 年金などの社会保障給付、就労収入などの調査
- 就労の可能性の調査

3　保護費の支給

基準に基づく最低生活費から収入（年金や就労収入など）を引いた額が毎月支給されます。そして生活保護の受給者は、収入の状況を毎月申告しなければなりません。福祉事務所のケースワーカーが年数回の訪問調査を行います。このケースワーカーは、仕事や生活などについての助言や指導を行うことになっています。

「福祉事務所」って何？

生活保護の申請をする場合、その窓口となっているのは福祉事務所です（一部、市町村役場が窓口になっているところもあります）。

福祉事務所というのは、都道府県や市などが設置している福祉行政を専門にしている〝役所〟のことです。生活保護のほか、児童福祉や母子福祉、老人福祉、障害者福祉など、福祉行政全般を担《にな》っています。

生活保護を受けたいと思っている人は、この福祉事務所にまず相談に行かなければなりません。

生活保護の相談や申請、受給後の生活指導などもすべてこの福祉事務所が窓口になって行われるのです。

この福祉事務所は、自治体から独立した組織ではなく、自治体の機能の一部といえるものです。

だから自治体の意向が強く反映されます。簡単にいえば、福祉事務所といっても、実態は〝役所〟そのものなのです。

この福祉事務所にはケースワーカーと呼ばれる生活保護に関する相談員がいて、このケースワーカーがあなたの相談に乗ることになります。ケースワーカーが、生活保護の希望者と面談し、必要と判断すれば生活保護の申請をさせるのです。

ただ勘違いされやすいのですが、「ケースワーカーが生活保護の申請に関する成否判断を任されているわけではない」ということです。ケースワーカーというのは、あくまで相談役としての存在であり、**生活保護の申請をするかどうかは、本人が決めること**なのです。

しかし財政が悪化している自治体などでは、このケースワーカーが面談したときに、いろいろと難癖をつけて、受給希望者を追い返したり、申請書を渡さなかったりするのです。第2章で紹介する「水際作戦」「硫黄島《いおうとう》作戦」など生活保護を受給させせない作戦を遂行してきたのは、このケースワーカーたちなのです。

福祉事務所の窓口ではメモを取ろう

福祉事務所に行く際には、あらかじめ話すことを自分で整理しておきましょう。福祉事務所で聞かれることは、だいたい次のようなことです。

●現在の収入状況
●仕事があるかどうか（探しているかどうか）？
●資産がどのくらいあるか？
●家族や親戚は助けてくれるのか？

これらの質問には必ず答えられるようにしておきましょう。
ここでケースワーカーは、なるべく生活保護を申請させせないように話を持っていこうとすることもあるから注意を要します。

生活保護の申請をしたいと思った人は、ここで何を言われようが、「生活保護の申請をする」ということを明言してください。

そして福祉事務所では、話をしながら**メモを取ることをお勧め**します。メモというのは公的な記録にはなりませんが、もしも裁判になったときには、証拠になりうるのです。

またメモを取っている場合、福祉事務所の職員は、下手なことは言えなくなります。役人などというものは、記録が残らない場所と、記録が残る場所では、態度がまったく違うので、記録を残すというポーズは効果があるのです。

要は、「記録に残しているんだ」というアピールをしたほうがいいのです。役人というのは、口から出まかせのことを平気で言いますが、記録を残される場面では、当たり前のことしか言えなくなるのです。

福祉事務所の騙しの手口

福祉事務所によっては、法律に合わないようなことを言ったり、嘘をついて生活保護を受けさせないように誘導したりする場合もあります。

福祉事務所の騙しのパターンとその対処法を列挙しておきます。

●福祉事務所の騙しのパターン1

「年齢的に若いし、健康だからまだ働けるでしょう」と言って、年齢的に生活保護が受けられないような言い方をして、諦めさせようとします。

しかし、生活保護は若くて健康だからといって受けられないものではありません。若くて健康であっても、仕事が見つからなかったり、収入や資産が一定以下の水準であったりすれば生活保護を受けることができます。

なので、自分の年齢や体力、求職しているが仕事が見つからないなど、事情をきちんと説明しましょう。

もし、若いことを理由に、申請書を渡さないようなことがあれば、「自分は生活保護を受ける条件を満たしていると思っているので、申請書をください。条件に合致していなければ、申請を却下すればいいだけでしょう？　申請するのは私の権利ですから、私の権利の侵害をしないでください」と明確に言ってください。

●福祉事務所の騙しのパターン2

「家族や親類に支援してもらいなさい」と言って、「家族や親類がいれば、生活保護を受けられない」というように誘導することもあります。

こういう場合は、「家族や親類には支援が見込めない」ということをきっちり言っておきましょう。

また福祉事務所から家族や親類に、支援を求める文書が送られる可能性もあります。これは福祉事務所としては、当然の手立てであり、これを防ぐ方法はありません。だから、生活保護の申請をする際には、嫌でも一度、家族や親類に話を通しておくべきでしょう。家族に知れずに生活保護を受けるというのは、現行の法律では無理です。

●福祉事務所の騙しのパターン3

持ち家がある人に対して「家があるなら売ったらどうですか?」と言い、生活保護を受けられないかのように思わせます。

しかし前述しましたように、家があっても、自分が今、住んでいる場所であれば、生活保護は受けられます。だから「持ち家があっても生活保護は受けられるでしょう」とはっきり言いましょう。

申請用紙をくれない場合の対処法

福祉事務所の水際作戦の一つとして、申請用紙を渡さないというものがあります。一般の市民の方々は、申請用紙がもらえなければ、生活保護は受けられないような錯覚に陥るものです。しかし、これはまったくの誤解です。

申請用紙は、ただの用紙に過ぎません。もし申請用紙がもらえないなら、自分で「生活保護の申請をします」と書いた紙を役所に提出すればいいのです。それで、申請されたものと同じ扱いになり、役所は必ず、受け付けなくてはならないのです。

またタチの悪い役所の場合は、受け取っているはずなのに、「そんな文書は届いていない」と言い張る可能性もあります。それを防ぐためには、内容証明郵便で出すといいでしょう。

申請用紙は、生活保護を支援しているＮＰＯ法人のサイトに掲載されているものもあり、それをプリントアウトして提出しても何の問題もありません。

なぜ役所は生活保護の支給をしたくないのか？

生活保護を受給したいとなったときに一番重要なことをご説明したいと思います。

生活保護に関しては、

「役所はなるべく生活保護を出したくないから、希望者を窓口で追い返したりする」

「生活保護の希望者にひどいことを言って生活保護の申請をやめさせようとする」

というようなことが巷《ちまた》でよく言われます。

この噂に関しては、残念ながら半分は事実です。実際にこういう対応をしてきた福祉事務所は多々あります。

実は生活保護の費用は、4分の3を国が出し、4分の1を地方自治体（市区町村）が出しています。

地方が支出している4分の1は、国から出されている地方交付税で賄《まかな》われているという建前になっていますが、地方交付税は生活保護費だけ別建てで支給されているわけではなく「生活保護費は地方交付税の中で賄ってくれ」という話に過ぎません。だから、財政の厳しい自治体（市区町村）は生活保護費を出し渋ることが多いのです。

そのため福祉事務所の窓口で相談に来た生活保護希望者に対し、

「あなたはまだ働ける」

「あなたは受給する資格がない」

などと言って追い返そうとしたりするのです。

高齢者の場合、働ける場所などそうそうあるわけではなく、生活費を賄うほどの収入を得ることなどは至難の技です。福祉事務所の窓口で仕事を紹介してくれるわけでもないのに、そういう無責任なことを言うのです。

しかし、これに対抗する措置はいくらでもあります。

というのも、福祉事務所の窓口がそういう態度に出た場合、それは違法行為に近いからです。もし裁判を起こせば、絶対に役所側が負けます。

国民が生活保護の申請をすれば、役所は原則として、必ず受理しなければならないことになっているのです。そして申請者が生活保護の受給要件を満たしていれば、生活保護は開始されるのです。

役所が、なぜこのような不正なやり方をするのかというと、〝申請希望者のほとんどに生活保護の受給資格がある〟からなのです。つまり、生活保護受給の資格がないから追い返すのではなく、その逆なのです。

だから窓口で何と言われようと、「私は申請したいので、申請用紙をください」と言えば、福祉事務所の職員は用紙を渡さざるをえないのです。繰り返しになりますが、最近では申請用紙をネットにあげている自治体もたくさんあるのでダウンロードすることもできます。そして申請書を出せば、要件さえ満たしていれば生活保護は受給できるのです。

NPOや弁護士に相談すれば一発OK

もし、自分だけで生活保護の手続きをする自信がないという人は、**弁護士やNPO**などの支援団体に相談してみるという手もあります。

役所は、専門知識がない人に対しては、適当に誤魔化して門前払いを食らわせますが、専門知識がある人に対しては厳正に法に則した対応をします。だから、生活保護を受けられる条件さえクリアしているのならば、弁護士や支援者と一緒に行けば、簡単に生活保護を受けることができるのです。

また役所は、当事者だけが訪れた場合は、横暴な態度に出ますが、第三者が同席している場合は、丁重な対応をとります。

だから、とりあえず支援してくれる団体などを探して、同席してもらうことをお勧めします。

そういう団体は、ネットなどで調べれば簡単に見つけることができます。生活保護の支援をしているＮＰＯ法人はたくさんありますし、弁護士などもほとんどの人が相談に乗ってくれます。

ただし、中には貧困ビジネス関係のタチの悪い団体もあるので、ネットの掲示板などでしっかりチェックしておきましょう。

もっとも安全なのは弁護士

誰かに生活保護の手続きを手伝ってもらおうと思ったときに、もっともお勧めできるのは、弁護士です。

弁護士ならば、生活保護受給の法的な条件を満たしてさえいれば、確実に手続きをとってくれます。福祉事務所や役所の窓口では、普通の市民が相談に来た場合は、なかなか申請書をくれないなどの意地悪をされますが、弁護士が同伴で来た場合は、そういうことはまずありません。

ＮＰＯ法人に相談するという手もありますが、前述したように、ＮＰＯ法人には半ば貧困ビジネス業者化したものもあり、生活保護の申請をしてくれる条件として、寄付を要求されたり、ＮＰＯ法人の指定するアパートなどに入居しなければならなかったりします。

もちろん、良いＮＰＯ法人には、生活保護の手続きのみならず、生活の立て直しや、自身が抱えている様々なトラブルの解決に手を貸してくれることもあります。そういうＮＰＯ法人をうまく見つけ出せれば、弁護士に頼むより頼りがいがある場合もあります。

しかし、どのＮＰＯ法人が善良で、どのＮＰＯ法人が悪質かというのは、外部からはなかなかわかりづらいのです。だから、もっとも確実なのは、弁護士に相談することなのです。

各地域の弁護士会には無料相談の窓口がある

生活保護の希望者にとって、弁護士というのは遠い存在と感じられます。弁護士といえば、普通は30分の相談をしただけでも5千円以上取られるものです。そういうところに簡単に相談には行けません。

しかし、**生活保護の申請に関しては、弁護士は無料でやってくれる**のです。

これは、各地域の弁護士会が申し合わせて、生活保護の弁護士費用については無料にすることにしているのです。各弁護士は、生活保護の申請を代行してやった場合、弁護士会から報酬的なものが支払われることになっているので、弁護士としても損はありません。だから、気楽に相談すればいいのです。

弁護士を頼むには、直接、弁護士事務所に電話などでコンタクトを取ってもいいのですが、もっとも確実なのはその地域の弁護士会に連絡してみることです。

また各弁護士会では、無料法律相談会を行ったり、「法テラス」という無料法律相談窓口を設けたりしています。それらを利用して、自分が生活保護を受けられるかどうかを打診し、受けられそうならば手続きの代行をお願いすればいいのです。法テラスの詳細は、ネットで「法テラス」で検索すればすぐにわかります。

借金がある場合の注意事項

生活保護を受けたいと思っている人の中には、多額の借金を抱えている人も多いはずです。

前述したように、借金があっても生活保護は受けられるのですが、生活保護費は借金の返済には使えないという法的な縛りがあり、それを盾にして役所側が申請を拒む可能性があります。

役所は、借金があるからといって申請を拒むことはできません。生活保護費を借金の返済に充《あ》ててはならない、というだけであって、借金の返済に充てさせないように指導するのも、本来は役所の仕事なのです。

しかし、事実上、役所が借金の相談に乗ってくれることはあまりなく、してもらおうとすれば、大変な労力が必要となります。

なので、この場合も、弁護士に相談したほうがいいでしょう。

自己破産などで借金の整理をし、生活保護の申請をしてもらうのです。自己破産などの手続きには、若干の弁護士費用がかかりますが、だいたいの弁護士は生活保護が支給されるようになるまで待ってくれるはずです。

また前述した「法テラス」などを利用してもいいでしょう。

資産はどの程度調べられるのか？

前述しましたように生活保護を申請する場合、原則として資産は持っていてはならないことになっています。半月分以上の預貯金や車は、処分しなければならないのです。

しかしながら、車はともかくとして、「半月分以上の預貯金を持っていてはならない」という条件は、現実的にかなり厳しいものだといえます。普通に考えて、半月分の生活費しか持っていなかったら、不安でたまらないはずです。

しかも、役所から「生活保護が必ず受給できる」という確約をすぐにもらえるわけではないのです。

では、資産保有の条件はどのくらい厳しくチェックされるのか、ここで確認しておきましょう。

福祉事務所の資産などの主なチェック方法は、「家を何度か訪問して調査をすること」「銀行、郵便局などの預貯金を調べる」というようなものです。

だから、金融機関に預けている分は調べられますが、少しばかり小銭を持っている分は、福祉事務所はわからないということです。

筆者として、大っぴらにタンス預金を推奨することはできませんが、生活が破綻すれば元も子もないので、参考までに記しておきます。

車についても、保有は禁止されていますが、車がなければ生活できない人、車がなければ仕事ができない人などは、保有も許されます。だから、車が必要な人は、その旨をきちんと書いて申請書に添付しておくことです。

また資産といっても、家財道具の処分までは求められません。

生活保護支給額は年金額とほとんど変わらない

次に、生活保護というのは、どのくらいのお金がもらえるのかを説明しましょう。

「生活保護は年金よりも多い」

という話もよく目にします。

東京都千代田区の70代の老夫婦二人暮らしの場合を例にとってみます。

生活保護の額は、約18万円です。前述したように生活保護では家賃は別に支給され、千代田区では最高６万９８００円まで出されます。

この最高額を支給されたとして考えてみたいと思います。

この夫婦は家賃分と合わせて20万円ちょっとの収入と同等の生活ができると考えられます。

しかも税金、社会保険料、ＮＨＫ受信料などを払わなくていいことを考えれば、25万円程度、東京以外の地域でも、だいたい20万円程度の収入の人と同等の生活ができるといえます。

この20万円という数字を、年金と比べてみましょう。

夫がサラリーマンで40年間、平均的な収入で厚生年金に入っていたとするなら、夫がもらえるのは老齢基礎年金が月約６万８千円、厚生年金から10万円前後、これに妻の老齢基礎年金が月約6万8千円。合わせて24万円程度です。

つまり、**夫が平均的なサラリーマンを40年間続けてきた夫婦の年金と生活保護の額はほとんど変わらない**のです。

またもし自営業で国民年金にしか加入していない夫婦の場合は、基礎年金しかもらえないので、二人合わせても約14万円にしかなりません。生活保護のほうが6万円も多いことになります。

もちろん、夫婦共働きで、夫婦ともに厚生年金を長年掛け続けた場合や、平均的なサラリーマンよりも高額所得だった場合は、年金のほうが大きくなります。

しかし、平均的な年金と比較した場合は、生活保護とほとんど変わらないのです。

医療費、社会保険料も無料になる

生活保護受給者には、生活費の支給だけではなく、様々な特別待遇があります。

まず**社会保険料が全て免除**となります。

健康保険や年金の掛け金も免除され、掛け金を払ったのと同じ待遇を受けられます。

生活保護を受給している間は、年金は払っているものとしてカウントされるのです。

そして医療費は、健康保険料がいらないだけではなく、自己負担分も免除されます。だからまったく無料ということになるのです。

ただし、自己負担分を免除にする場合、福祉事務所からその都度チケットをもらわなければならず、また指定された医療機関での受診に限られるため、急患のときなどには利用できません（事前にチケットをもらっておくことはできません。こういう病気で病院に行きたいということを申請しなければなりません）。

しかし持病がある人などは、これで救われるはずです。**生活破綻者の多くの場合、医療費が原因となっています。だから、生活保護を受けられれば、老後破産の多くは救えるのです。**

また住民税や固定資産税などの税金も免除されます。高校の授業料なども無料です。

その他に自治体によって、交通機関の無料券などの特典があります。

生活保護支給額が高いのではなく年金が安いのだ

それにしても、平均的サラリーマンの年金と、生活保護の支給額がそれほど変わらないということに驚かれた方も多いのではないでしょうか?

その原因は、大まかに言って二つあると考えられます。

一つは、近年、年金の支給額が減り続けたために、生活保護が相対的に高く見えるようになったということです。

生活保護の支給額というのは、「生活基準」で決められています。生活保護というのは、そもそも憲法で「健康で文化的な最低限度の生活」を保証されているために、つくられている制度です。だから「健康で文化的な最低限度の生活」をするために、どのくらい必要なのか、ということを考慮して金額が設定されます。

先ほどの例で算出したような、夫婦二人で20万円と少しという数字も、その面から考えると納得できない数字ではないはずです。家賃分を除けば、月18万円程度です。

月18万円で、夫婦二人で生活するのは、ギリギリだといえるでしょう。相当節約しても、食費だけで8万円程度はかかるはずです。光熱費、電話代などの固定費で3万円以上はかかるでしょう。となると、食費以外に使えるお金は頑張って捻出しても、だいたい7万円程度になります。

このお金で、二人分の日用品や衣服、諸経費などを整えなくてはならないのです。また家財道具などの費用は、なかなか出してくれないので、それらの費用も捻出しなければなりません（冷蔵庫や洗濯機などの家財道具は、最低限度の費用が生活保護から支給されることになっていますが、必要性の判断はケースワーカーに委ねられているので、なかなか支給されません）。

これでは、ギリギリの生活ですし、小遣いに使えるお金などはほとんどないでしょう。生活保護はギリギリの生活しかできないのに、公的年金もそれと同じくらいしかもらえていません。それは年金額が少なすぎるということです。

収入があっても生活保護は受けられる

生活保護に関して、世間では都市伝説的な誤解がたくさんあります。

国民が生活保護の制度をよく知らないのをいいことに、役所が勝手に嘘を並べ立て、生活保護を受けさせないようにしてきた、という経緯もあります。なのでここで、その誤解を一つずつ解いておきます。

まず「生活保護は働いている人は受けられない」について。

これもよく言われていることですが、明白な嘘です。

普通に働いていても国が定める基準以下の収入であれば、生活保護を受けることができます。

たとえば、年収90万円の人がいたとします。

この人の生活保護の基準額は140万円でした。となれば、差額の50万円を生活保護として受給することができるのです。

こういう誤解が生じたのは、役所が生活保護を受給させないために、「あなたは働いているのだから、受けられない」などと嘘を言ってきたからです。

だからワーキング・プアやフリーターなどで、一応仕事をし収入がある場合でも、生活保護を受けることはできるのです。

年金収入があっても、生活保護基準以下の収入であれば生活保護は受けられます。

また生活保護を受けたからと言って、年金の支給が止められるわけでもありません。

低賃金の人と同様に、年金収入と生活保護基準額の差額分を受給できるのです。

だから、今の年金ではどうしても暮らしていけない人、年金収入が生活保護基準額以下の人は、生活保護を受けていいのです。

将来の日本のために生活保護を受給しよう

筆者はこれまで困窮したときには、生活保護を受けることを勧めてきましたが、生活保護を受けることに抵抗がある人もかなりいるはずです。

日本人には真面目な人が多いので、「社会の迷惑にはなりたくない」と言って、生活保護を受けていない人もたくさんいるようです。そうでないと、生活保護の支給漏れ（資格があるのに受給していない人）がこれほど多くはならないからです。

ですが、元官僚から言わせてもらえば、**「生活保護の受給に躊躇《ちゅうちょ》してはならない」**ということです。むしろひどく困窮する前に、生活保護水準以下になったらすぐに生活保護の申請を出すべきだと筆者は思います。

というのも、それはあなたのためでもあり、国のためでもあるからです。

そもそも、生活保護というのは、日本国民の誰もが持っている当然の権利なのです。困窮している人が、その権利を行使して悪いことは何もないのです。

生活保護の受給資格があるのに、それを申請しないというのは、政治家や官僚の思うつぼなのです。

政治が誰にでも公平で、みなが幸福になるように行われていると思ったら大間違いです。政治というのは、声が大きいもの、強いものが得をし、声を出さないもの、弱いものが馬鹿をみるようになっているものです。

だから、貧困者が声を上げないのであれば、救われることはないのです。

現在、日本は急速な勢いで格差社会化、貧困層の拡大が進んでいます。

しかしながら、生活保護受給者はまだまだ国民の少数です。だから、政治家や官僚は、貧困対策にきちんとした手立てを講じていません。一方では、選挙のために税金のばら撒きを行っているのです。

つまり、国民が自分たちの持っている権利を行使しなければ、政治家や官僚はどんどんつけあがり、日本はもっともっとダメな国になってしまうのです。

だから、将来の日本のためにも、困窮したときには生活保護の申請をするべきなのです。

なぜ生活保護受給者は叩かれるのか？

生活保護というと、昨今では不正受給の問題ばかりが取り上げられます。

しかし、これは非常に偏向的な報道だと言わざるを得ません。

生活保護のもらい漏れは、１千万人近くいると推定されています。

一方、不正受給者というのは、せいぜい２万人〜３万人です。どちらが大きな問題なのか、というのは火を見るより明らかです。

筆者は「不正受給が問題ではない」と言っているわけではありません。

不正受給は不正受給で由々しき問題なので、きちんと対処はするべきでしょう。

しかし、不正受給にかこつけて、生活保護全体をバッシングする傾向は絶対に間違っているのです。

生活保護というのは、国民にとって、最後のセーフティーネットのはずです。

国はこのセーフティーネットを、最大の責任感を持って、守らなければならないはずです。

にもかかわらず、1千万人ものもらい漏れがあり、挙句、餓死者が出たり、食事をまともにとれない子供が生じたりする有様なのです。

そこに最大の問題があるのです。解決すべきはまずこちらの問題なのです。

それにしても、国はなぜ生活保護を悪宣伝し、生活保護予算を削ろうとするのでしょうか？

ここに、国の予算に対する姿勢が如実に表れているといえます。

先ほども述べましたが、国は、声の大きいもの、国に圧力をかけてくるものに対しては、非常に優遇します。

そのうえ、国に文句を言わない人、国に文句を言えないような弱い立場の人に対しては、非常に厳しい態度をとるのです。

国の予算というのは、利権があちこちに絡んでいます。

省庁が予算を押さえると、省庁に関係する企業、団体などが予算に対して利権を求めてくるのです。それらの企業、団体などは、政治家と密接なつながりを持っています。

つまり、日本の国家予算は「政」「官」「大企業」、3者で利権を分け合っているのです。

その利権は、1円単位で網が張られているといえます。そして、その利権を持つ者たちは、国に常に圧力をかけてきます。だから、無駄な予算を削ろうとしても、なかなかできないのです。

そして、税収が1円増えれば、その1円もたちまち利権に組み込まれてしまうのです。国はいつも1円の余裕もないといっていいでしょう。

ところが、生活保護受給者というのは、国に何も文句は言いません。

個人単位でケースワーカーや市の職員などに文句を言っている人はいると思われますが、団体となって、国に圧力をかけるようなことはありません。

政治家に対して、ロビー活動をするようなこともないし、団結して選挙などで影響力を持つこともありません。

だから、生活保護の予算というのは、政治家にとっては、非常に削りやすいのです。この予算を削っても、文句を言ってくる人があまりいないからです。

しかし、生活保護を削るというと、弱いもののイジメのようなイメージとなってしまいます。

そのため、生活保護受給者に関するネガティブ・キャンペーンを張り、「悪いのは生活保護受給者」という世論をつくり上げてから、生活保護費の削減に取り掛かろうとしているのです。

貧困層が貧困層を攻撃するな！

昨今、生活保護受給者に対する風当たりが強くなっています。

それは少し前に人気芸人の母親が生活保護を受給していたのが発覚したことなどが大きく影響しているといえます。そのケースに限らず、生活保護を受給しながら贅沢な生活をしていたケースや、生活保護の詐取的な事件もたびたび報じられています。

そのため、「生活保護受給者イコール不正に利益を得ている人」というようなイメージが広がっています。

実はネットなどで生活保護受給者を攻撃するのは、ワーキング・プアで苦しんでいる人が多いのです。おそらく、「自分たちは苦しい中で頑張っているのに、あいつらはズルをしやがって」ということなのでしょう。

その気持ちはわからないでもありませんが、不正受給の問題は不正受給の問題として別個に捉《とら》えるべきなのです。

不正受給の問題を生活保護全体の問題と捉えて、生活保護受給者全体に批判の矛先を向けてしまえば、政治家や役人の思うつぼなのです。

ワーキング・プアの人が生活保護受給者を攻撃するということは、貧困者が貧困者を攻撃するということになります。民主主義というのは、数の論理で動くものです。貧困者同士が争えば、貧困者全体の利益は損なわれるのです。

具体的にいえば、世論が「生活保護はもらいすぎ」「生活保護受給者にはもっと厳しく」というふうになれば、政治家は、もろ手を挙げて生活保護費の削減に取り組みます。そうなれば生活保護が受けにくくなり、生活保護の質も低下するのです。

しかし、生活保護のレベルを下げてしまうと、社会全体の生活レベルが下がってしまうのです。

ワーキング・プアで苦しんでいる人が、「もう生活保護を受けよう」という段階になったときに、しっぺ返しされることになります。

前述したように、現在、生活保護の支給額が多いように見えるのは、周りに生活保護レベル以下の生活をしている人が多すぎるからです。生活保護受給者がもらいすぎているのではなく、貧困者が増えすぎているということなのです。

つまり、今、貧困で苦しんでいる人は、貧困者を減らす方向に、政治家に対して圧力をかけるべきなのです。

生活保護を攻撃している人は、その点、重々、念頭に置いておいてほしいものです。

第2章
「貧しいのは自分のせい」ではない

ステルス化する日本の貧困

生活保護などに関するネット世論などを見ると、今でも根強く「自己責任論」がかなり幅を利かせています。

「生活が貧しいのは自分のせいだ」
「自分で何とかすべき」

というわけです。

しかし、本当にそうでしょうか？

確かにある程度は自分の責任ということもあるでしょう。努力したり能力があったりする人は、それなりの生活をしているものです。

が、そもそものイスが足りなかったらどうなるでしょうか？

豊かに暮らしていける人の枠が非常に狭かった場合、必ず誰かがその枠からはじき出されるのです。国はそういう人が出ないように、経済政策や社会保障を施しているはずなのです。

そもそも経済という言葉は、「経世済民《けいせいさいみん》」という中国の古語から来ているものであり、人々が豊かに暮らしていけるように社会を治めるという意味なのです。

古代から人々の暮らしが成り立つようにするのは、為政者の必須事項とされてきましたし、それは社会不安を起こさないためにも最低限度必要なことなのです。

ところが、現在の日本では深刻な経済格差、国民全体の貧困化が生じつつあります。メディアでも時々報道されるのでご存じの方も多いでしょう。

しかしながら国民の多くはあまりそれを実感していないと思われます。

日本には、スラム街のような貧困者ばかりが暮らす地域はほとんどありません。また路上生活者が目立って増えているわけでもありません。昔のような、明らかな貧困者というのは社会の中にあまりいませんし、ほとんどの人が普通に生活しているように見えるので、貧富の差が感じられないのです。

しかし毎日働いているのに食べるだけで精いっぱいの人、家が貧しいので進学できなかった人、お金が足りないので二人目の出産を諦めた人などは、確実に増えているのです。

また、いよいよ生活が立ち行かなくなり、自殺を選択する人も増えています。つまり、

貧しい人、生活に困っている人は、社会の中で隠れてしまっているのです。

ところが、社会全体で「貧しい人を救済しよう」という動きがあまり見られません。

また、その一方で富裕層も社会の中で隠れてしまっています。現在、日本では巨額の富を持つ、超富裕層は激増しています。

しかし、多くの国民はそれに気づいていません。日本には、都心部に広大な邸宅を持ったり、何人も使用人を雇ったりしているような「見るからに金持ち」という人が少ないからです。

しかし、日本の富の多くを、一部の人たちが握りつつあることは、データ上、間違いがないことなのです。

これらのことは、政治の失敗、政治の無策の結果でもあるのです。

ほんの30年前の日本はそうではありませんでした。

バブル崩壊前までの日本は、「一億総中流」とも言われ、とびぬけた金持ちはそれほどいないけれども、国民のほとんどがそこそこ豊かな生活ができる国でした。

その日本がたったの30年間で、大変格差の激しい国となったのです。

本当は日本は金持ち国なのに……

日本は、「平成の失われた30年」と言われるように、経済の長い低迷期に陥っているようなイメージがあります。ＧＤＰなどの世界順位も急激に下がっており、日本社会は誰もが苦しい生活を余儀なくされているような印象もあります。

しかし、実際はそうではありません。

国民の大半は経済的に苦しくなってきていますが、一部の人たちの資産は激増しているのです。そして国全体で見るならば、日本はまだまだ世界有数の金持ち国なのです。

次のページの表１は、ＯＥＣＤの一人あたりの金融資産のランキングです。日本はまだ世界12位の位置を保持しているのです。

主要先進国の中では、アメリカ、イギリスよりは低いですが、フランス、ドイツよりは高いのです。

近年、日本は急激な円安となっており、ドル換算にすると不利になります。にもかかわらず、12位の位置をキープしているのです。

円換算にすると、日本人の個人金融資産は近年、かなりの勢いで増加しています。日本銀行の統計によると、2024年の時点において、個人金融資産は2200兆円を超えています。

これは、生まれたばかりの赤ん坊から100歳を超える老人まで、すべての日本人が一人当たり1500万円以上の金融資産を持っている計算になります。家族四人だったら、家族で6千万円の金融資産を持っていることになるのです。

しかも、これは「金融資産のみ」の話です。これに不動産などの資産を加えれば、天文学的な数字になるのです。

あまり知られていませんが、日本の個人

表1　一人あたりの個人金融資産額ランキング

1位	アメリカ	316,573ドル
2位	スイス	297,081ドル
3位	デンマーク	231,799ドル
4位	オランダ	229,431ドル
5位	スウェーデン	205,700ドル
6位	ルクセンブルグ	197,108ドル
7位	カナダ	182,707ドル
8位	ベルギー	169,812ドル
9位	オーストラリア	165,342ドル
10位	イギリス	161,625ドル
12位	日本	159,595ドル

出典・OECD Organisation for Economic Co-operation and Development（2020）

金融資産というのは、バブル期以降激増しているのです。バブル期の１９９０年の段階では、個人金融資産は１０１７兆円しかなかったのですが、現在は２２００兆円以上に達しているのです。20数年の間に、倍以上に増加しているのです。

この30年というのは、日本経済は「失われた平成時代」とさえ呼ばれる苦しい時代のはずでした。

あなたは、このことに違和感を持たないでしょうか？

自分は、そんなお金は持っていないと。

もちろん、そのはずです。この個人金融資産の大半は、一部の富裕層に集中しているのです。つまりは、富裕層が増加し、その富裕層へのお金の集中が起きているのです。

先進国最悪レベルの貧困率

このように日本は、国全体では大きな個人資産を持っていますが、その富は非常に偏っており、貧困化も急激な勢いで進んでいるのです。

次のページの表２はＯＥＣＤ34カ国における相対的貧困率です。

相対的貧困率というのは、その国民の平均所得の半分以下しか収入を得ていない人たちがどのくらいいるかという割合です。

たとえば、国民の平均所得が500万円の場合は、250万円以下で生活している人がどのくらいの割合で存在するか、という数値です。

相対的貧困率は、そのまま貧困者がどれだけいるかという数値ではありません。相対的な貧困率なので、その国の平均所得の多寡によって貧困具合は変わってきます。

しかしながら、「どれだけ格差が大きいか」ということを知る上では重要な指標となります。また**日本の場合、昨今、国民の**

表2　OECDにおける相対的貧困率（34カ国中）ワースト10位

1位	イスラエル	20.9
2位	メキシコ	20.4
3位	トルコ	19.3
4位	チリ	18.0
5位	アメリカ	17.4
6位	日本	16.0
7位	スペイン	15.4
8位	韓国	14.9
9位	オーストラリア	14.5
10位	ギリシャ	14.3
17位	イギリス	9.9
25位	フランス	7.9

出典：2014　OECD　FAMILY　DATABASE
厚生労働省「平成26年子供若者白書・第3節子どもの貧困」より

平均所得はOECDの中でも下位のほうに属するので、相対的貧困率が低いということは、絶対的貧困率もかなり低いということになります。

つまりは、貧困層が急激に増えているということです。

このデータを見ると、日本は先進国の中では相当に貧困化が進んでいることがわかります。日本より相対的貧困率が高い国は、紛争が絶えないイスラエルや、たくさんの民族が共存している多民族国家ばかりです。

多民族社会というのは、どうしても貧富の差が生まれやすいものです。先に住んでいた民族や経済力のある民族と、あとから来た民族などでは経済格差があるのは当たり前だからです。日本のように、ほとんど単一民族でこれほど貧富の差が激しい国というのは稀《まれ》なのです。

何度か触れましたが、かつての日本はそうではありませんでした。90年代前半までの日本は、一億総中流とも言われ、「貧しい人がいない社会」をほぼ実現していたのです。

しかし90年代後半から坂道を転がり落ちるように、格差が広がり、現在では世界でも有数の激しい格差社会となったのです。

その原因は、実は非常に単純です。

90年代以降の日本では、企業が従業員の賃金を低く抑え込みました。それは国際レベルから見てもあり得ないほどの抑え込み方だったのです。そのため低収入層が増え、必然的に貧困層が拡大したのです。

先進国で賃金が上がっていないのは日本だけ

日本の賃金がこの20年〜30年の間に、どれほど低く抑え込まれてきたかを検証してみましょう。

表3は、主要先進国の1997年を基準とした賃金増加率を示したものです。これを見れば、先進諸国は軒並み50％以上上昇しており、アメリカ、イギリスなどは倍近い金額になっていることがわかります。その一方で、日本だけが下がっています。しかも約1割も減っているのです。

イギリスの187％と比較すれば、日本は半分しかありません。つまりこの20年間で、日本人の生活のゆとりは、イギリス人の半分以下になったといえます。

この20年間、先進国の中で日本の企業だけ業績が特別悪かったわけではありません。

むしろ、日本企業は他の先進国企業に比べて安定していました。

経常収支は１９８０年以来、黒字を続けており、東日本大震災の起きたときでさえ赤字にはなっていないのです。企業利益は確実に上昇しており、企業の利益準備金も実質的に世界一となっています。

にもかかわらず日本企業は従業員の待遇を悪化させてきたのです。

日本最大の企業であるトヨタでさえ、２００２年から２０１５年までの14年間のうち、ベースアップしたのは、わずか6年だけです。２００４年などは過去最高収益を上げているにもかかわらず、ベースアップがなかったのです。

表3　2017年の先進諸国の賃金（1997年を100とした場合）

アメリカ	176
イギリス	187
フランス	166
ドイツ	155
日本	91

出典：日本経済新聞 2019年3月19日の「ニッポンの賃金・上」

日本最大の企業トヨタが賃金を上げなかったのだから、ほかの企業がどうなのかは言うまでもありません。

つまりは日本の貧困化は、人為的にされてきたものであり、政治や企業が賃金を上げてこなかったせいなのです。

韓国よりも安い日本の賃金

日本の賃金の低さを示す衝撃のデータをご紹介したいと思います。

表4は、2021年のOECDの賃金ランキングです。

このデータによると、日本人の給料は韓国より安いのです。日本の平均賃金はOECD加盟35カ国の中で24位であり、20位である韓国よりも年間で約45万円ほど安くなっているのです。

このOECDの賃金調査は名目の賃金ではなく「購買力平価《こうばいりょくへいか》」です。購買力平価というのは、「そのお金でどれだけのものが買えるか」という金額のことです。

だから賃金の額面とともに、その国の物価なども反映されます。つまり「その賃金の購買力を比較している」というわけです。

ということは、日本人は韓国人よりも、45万円分も生活が厳しいということになります。

ＯＥＣＤ全体と比較しても、平均よりも年間１００万ドル以上安くなっています。つまりは、**日本人の賃金はOECDの平均よりも、150万円程度低い**ということです。日本は先進国の中では、かなりの低賃金国となってしまったのです。

２０２２年以降には、ウクライナ戦争による急激な円安進行のため、日本の購買力平価はさらに下がったと思われます。

そして、この賃金低下こそが日本の貧困化の大きな要因なのです。

表4　平均賃金の世界ランキング（OECD35カ国）

1位	アメリカ	7.47万ドル
2位	ルクセンブルグ	7.37万ドル
3位	アイスランド	7.20万ドル
4位	スイス	6.90万ドル
5位	デンマーク	6.13万ドル
6位	オランダ	6.09万ドル
7位	ベルギー	5.91万ドル
11位	ドイツ	5.60万ドル
14位	イギリス	5.00万ドル
16位	フランス	4.93万ドル
20位	韓国	4.27万ドル
24位	日本	3.97万ドル

出典：OECD　Average　annual Wages 2022

日本企業は業績がいいのに賃金を下げっぱなし

しかも、バブル崩壊以降、日本企業の業績は決して悪くはなかったのです。

「日本の賃金が低いのは日本企業の業績が悪いから」と多くの人は思い込んでいるようですが、それはまったく違うのです。

日本の企業というのは、バブル崩壊以降も業績は決して悪くはありませんでした。

表5は、日本企業の経常利益推移です。経常利益というのは、ざっくり言えば、企業の儲けを示す値です。

これを見ればわかるように2002年から2021年までの20年間で、日本企業の経常利益は倍以上になっているのです。

トヨタなど2000年代に史上最高収益を更新し続けた企業も多々あるのです。そして、日本企業は、企業の貯金ともいえる「内部留保金」をバブル崩壊以降の30年で、激増させているのです。

日本の各企業の収益力というのは衰えていないのです。

バブル崩壊以降、国民の多くは、「日本経済は低迷している」ということで、低賃金や増税に耐えてきました。

しかし、その前提条件が、実は間違っていたのです。

企業の業績は悪くなかったのに、人件費を削ってしまったのです。その結果、企業は自分で自分の首を絞めることになりました。

日本の勤労者たちは、日本企業にとって大事な顧客でもあります。その顧客の収入が悪化するということは、自分たちの売り上げに直結することになるのです。

つまりは、国内市場が小さくなることになるのです。

表5　日本企業全体(金融、保険以外)の経常利益の推移

年　度	経常利益額
2002 年度	31.0 兆円
2004 年度	44.7 兆円
2006 年度	54.4 兆円
2008 年度	35.5 兆円
2010 年度	43.7 兆円
2012 年度	48.5 兆円
2014 年度	64.6 兆円
2016 年度	75.0 兆円
2018 年度	83.9 兆円
2020 年度	62.9 兆円
2021 年度	83 9 兆円

出典：財務省・法人企業統計調査より

実際に日本の消費は減っています。

総務省の「家計調査」によると２００2年には一世帯あたりの家計消費は３２０万円を超えていましたが、２０１9年は２９０万円と少ししかありません。

先進国でこの20年の間、家計消費が減っている国というのは、日本くらいしかないのです。

その結果、企業収益はいいのに、国内消費（国内需要）は減り続けることになります。これでは景気が低迷するのは当たり前です。

国民の消費が減れば、企業の国内での売り上げは当然下がります。

国内の消費が10％減っているということは、国内のマーケットが10％縮小するのと同じことです。企業にとっては大打撃なのです。

消費が増えず、国内のマーケットが縮小するということは、日本経済のキャパが縮小するのと同様です。日本企業は頑張って輸出を増やし続けているので、ＧＤＰ自体は微増しています。

しかし、ほかの国々に比べれば明らかに成長率は落ちています。

そのため、一人当たりのＧＤＰがほかの国々にどんどん抜かれていき、国際的地位も低下していったのです。

これでは低所得者の人たちが増えるのは当然であり、生活保護基準以下の人が増えるのも当然なのです

しかも、しかも、です。

その一方で昨今の日本では億万長者が激増しているのです。

表６は、３０００万ドル以上の資産を持つ人の数の国別ランキングです。

３０００万ドルというと、日本円にして40億円以上の資産を持つということになります。超富裕層といえるでしょう。

日本は、この超富裕層の人口が中国に次いで世界第3位です。日本はアベノミクス以降、円安が続いており、円換算での資産

表6　3000万ドル以上の資産を持つ「超富裕層人口」の国別ランキング(2020年)

1位	アメリカ	101,240人
2位	中国	29,815人
3位	日本	21,300人
4位	ドイツ	15,435人
5位	カナダ	11,010人
6位	フランス	9,810人
7位	香港	9,435人
8位	イギリス	8,765人
9位	スイス	7,320人
10位	インド	6,380人

出典：World Ultra Wealth Report2020

価値は減り続けているにもかかわらず、現在これほど多くの超富裕層が日本には存在するのです。

しかも日本は近年この超富裕層が激増しており、2017年からの3年間だけでも20％近くも増加しています。

なぜ超富裕層が激増しているのかというと、日本経済は近年、一部の人への「高額報酬」を推進しているからです。

2010年3月期決算から上場企業は1億円以上の役員報酬をもらった役員の情報を有価証券報告書に記載することが義務付けられ、2010年の上場企業では364人もの1億円プレーヤーがいたことが判明し、世間を驚かせました。

しかしながら、上場企業の1億円プレーヤーは、その後も激増を続け、2021年には926人になっているのです。

企業によっては、社員の平均給与の200倍の報酬をもらっている役員もいました。

以前、日本の企業はこうではありませんでした。

「ジャパン・アズ・ナンバーワン」と言われ、日本企業が世界経済でもっとも存在感が大きかった1980年代、日本企業の役員報酬は、その社員の平均給料の10倍もないところがほとんどだったのです。

欧米の役員や経済学者たちはそのことを不思議がったものです。

「従業員の給料はしっかり上昇させ、役員報酬との差は少ない」

「会社のトップがそれほど多くない報酬で最高のパフォーマンスをする」

それが80年代までの日本企業の強さの秘訣だったのです。

しかし、今では役員と従業員の報酬は、欧米並みか、それ以上に差があるのです。

そして、従業員の賃金は、欧米では考えられないような、下げ方を続けてきました。

また欧米では絶対ありえないような陰湿な方法で、リストラが敢行されてきたのです。

その結果が、生活保護基準以下の人々の激増につながっているのです。

非正規雇用も先進国で最悪

日本はバブル崩壊以降、正社員を減らし非正規雇用、パートタイム労働者を激増させました。

表7は、主要先進国のパートタイム労働者の割合を示すものです。

本来は非正規雇用の比較を出したいのですが、国際データにおいては統一的な「非正規雇用」という概念がないので、それにもっとも近い「パートタイム労働者」の数値を採り上げています。

現在、日本は主要先進国よりも若干高めになっている程度です。これは日本の非正規雇用者の中には、国際基準の「パートタイム労働者」には該当しないケースが多いからです。

が、この表で留意しなくてはならないのは、2019年の数値ではなく、2005年との比較です。ほかの主要先進国が、2005年と比べてほとんど変化がないのに、日本はこの15年の間に大きく増えてい

表7　主要先進国のパートタイム労働者の割合

	2005年	2019年
日　本	18.3	25.2
アメリカ	12.8	12.4
イギリス	22.9	23.4
ド イ ツ	21.5	22.0
フランス	13.2	13.4

出典：「データブック国際労働比較 2022」独立行政法人　労働政策研究・研修機構

るのです。

そしてこの表ではあまり表面化していませんが、近年、日本では、非正規雇用の労働者が激増しているのです。

厚生労働省の統計データでは、１９８９年には非正規労働者の割合は19・１％だったのが、２０１９年には38・３％となり倍増しています。もし主要先進国で、日本の定義での非正規労働者で統計を取れば、おそらく断トツで日本が最大値となるでしょう。

そして日本の場合、非正規雇用者に対する待遇に大きな問題があるのです。

欧米先進国では、労働者の権利が強いので、非正規雇用者やパートタイマーであっても、仕事に応じた賃金がもらえるようになっています。

たとえばフランスでは、非正規雇用の賃金は正規雇用の実に8割もあり、正規雇用者との差がほとんどないのです。

ドイツ、イギリスも正規雇用者の賃金の7割程度はもらえています。またアメリカのパートタイマーの賃金に関するデータはありませんが、アメリカは労働組合が強く、また労働者の権利も保護されているため、日本より賃金が低いということがあるとは考えられません。

このように先進諸国では、非正規雇用者でも、正規雇用者とそれほど変わりがない生活が送れるのです。

しかし日本の場合、非正規雇用者（パートタイマー）の賃金は、正社員の半分程度しかありません。日本の場合は、非正規雇用者が激増しているうえに、非正規雇用者になれば普通の生活ができないのです。

日本の経済政策では、近年、大企業の業績を優先させ、非正規雇用を増大させました。その結果がこの体たらくなのです。日本の非正規雇用の給料では、まともに生活できませんし、ワーキング・プアになって当然なのです。

あなたがワーキング・プアになったとしても、それは日本の経済政策の失敗のせいなのです。

さらに日本には大きな問題があります。

現在の非正規雇用の人たちのほとんどは、年金の額が不十分です。彼らが高齢者になったとき、ほとんどの人の年金の額は生活保護基準以下だと見られています。

厚生年金自体に加入していない人も多数います。厚生年金に加入していなければ、本来ならば国民年金に加入しなければならないのですが、多くはそれもしていないと見られています。

そういう人たちも、もちろん生活保護を受給する権利を持っているのです。

つまり、今後、非正規雇用の人たちが、大挙して生活保護受給者になっていくと考えられるのです。

そうなると、数百万人の単位では済みません。数千万人レベルで、生活保護受給者が生じるのです。国民の20～30％、つまり、数千万人が生活保護という事態もあり得るのです。

これは決して空想上の話ではありません。データにもはっきり表れていることであり、このまま何もしなければ、必ずそうなるという非常に現実的な話なのです。

このままいけば、おそらく生活保護受給者は、そう遠くないうちに1千万人を突破するでしょう。そして、20年後には、2千万人を突破する可能性もあります。

もちろん、生活保護受給者の人たちは、それに責任を感じる必要はなく、自分たちの権利を淡々と請求していればいいのです。

悪いのは日本がこれ程になるまで何の手も打ってこなかった行政側なのです。

非正規雇用の増大が少子化を加速させている

現在の少子化問題というのは、経済も非常に大きい要因となっています。

男性の場合、正社員の既婚率は約40％ですが、非正規社員の既婚率は約10％です。

派遣社員の男性のうち、結婚している人が1割しかいないということは、事実上、派遣社員の男性は結婚できない、ということです。

これは何を意味するのでしょうか？

男性はやはりある程度の安定した収入がなくては結婚はできない。だから派遣社員などはなかなか結婚できないのです。

つまり、

「派遣社員が増えれば増えるだけ未婚男性が増え少子化も加速する」

ということです。

そして、日本では近年、男性の非正規雇用が急激に増加しています。

表8は先ほどのパートタイム労働者のうち男性に絞って主要先進国と比較したもので

す。これを見ると日本の男性のパートタイム労働者はこの15年で激増しているのがわかります。

もちろん、パートタイム労働者だけではなく、非正規雇用に枠を広げるとその人数はさらに多くなります。

現在、日本では働く人の約４割が非正規雇用です。その中で男性というのは、700万人以上もいるのです。20年前と比べて倍増したのです。つまり、結婚できない男性がこの20年間で300万人以上も増加したのと同じなのです。

現在の日本は、世界に例を見ないようなスピードで少子高齢化が進んでいます。今のまま、少子高齢化が進めば、日本が衰退

表8　主要先進国のパートタイム労働者の割合（男性）

	2005年	2019年
日　本	8.8	14.2
アメリカ	7.8	8.3
イギリス	9.5	11.8
ド イ ツ	7.3	9.5
フランス	5.0	6.9

出典：「データブック国際労働比較 2022」独立行政法人　労働政策研究・研修機構

していくのは目に見えています。どんなに経済成長をしても、子供の数が減っていけば、国力が減退するのは避けられません。

現在の日本にとって、経済成長よりも何よりも、少子高齢化を防がなければならないはずです。

「非正規雇用が増えれば、結婚できない若者が増え、少子高齢化が加速する」

これは、理論的にも当然のことであり、データにもはっきり表れていることです。

なのに、なぜ政治家や官僚はまったく何の手も打たないのか、不思議でなりません。

なぜ日本の非正規雇用が近年激増したかというと、政界と財界がそれを推進したからです。

バブル崩壊後、財界は、「雇用の流動化」と称して、非正規雇用を増やす方針を打ち出しました。たとえば1995年、経団連は「新時代の〝日本的経営〟」として、「不景気を乗り切るために雇用の流動化」を提唱したのです。

「雇用の流動化」

というと聞こえはいいですが、要は「いつでも正社員の首を切れて、賃金も安い非正規社員を増やせるような雇用ルールにして、人件費を抑制させてくれ」ということです。

これに対し政府は、財界の動きを抑えるどころか逆に後押しをしました。

1999年には、労働派遣法を改正しました。それまで26業種に限定されていた派遣労働可能業種を、一部の業種を除外して全面解禁したのです。

2006年には、さらに派遣労働法を改正し、1999年改正では除外となっていた製造業も解禁されました。これで、ほとんどの産業で派遣労働が可能になったのです。

派遣労働法の改正が、非正規雇用を増やしたことは、データにもはっきり出ています。90年代半ばまでは20％程度だった非正規雇用の割合が、98年から急激に上昇し、現在では30％を大きく超えています。

また自由労働裁量制などの導入で、事実上のサービス残業を激増させています。労働者の生活を極限まで切り詰めさせて、一部の大企業、富裕層の富を増大させてきたのが、バブル崩壊後の日本です。こんなことを30年も続けていれば、国家が破綻しかかって、当然です。

我々の生活が苦しいのは、政治家や官僚、財界人たちの責任なのです。

日本では雇用保険が機能していない

日本で生活保護基準以下の人が増えている要因の一つに、「雇用保険が機能していない」ということがあります。

雇用保険というのは、解雇や倒産など、もしものときに自分を救ってもらうための保険です。

この雇用保険が充実したものであれば、少々景気が悪くても、人々の生活はそれほど影響を受けないで済みます。

しかし、日本の雇用保険は、「使えない」のです。

支給額や支給期間が硬直化しており、本当に苦しい人にとっては役に立たないのです。

まず、中高年の支給期間が非常に短いのです。

20年勤務した40代のサラリーマンが会社の倒産で失職した場合、雇用保険がもらえる期間というのは、わずか1年足らずです。今の不況で、40代の人の職がそう簡単に見つかるものではありません。

なのに、たった1年の保障しか受けられないのです。

職業訓練学校に入れば支給期間が若干、延びたりするなどの裏ワザはありますが、その期間内に職が見つからなければ、あとは何の保障もないのです。

だから、日本では失業はそのまま無収入となり、たちまち困窮する、ということにつながるのです。

しかし他の先進国ではそうではありません。

他の先進諸国は、失業保険だけではなく、様々な形で失業者を支援する制度があります。

その代表的なものが「失業扶助《ふじょ》制度」です。

失業扶助制度というのは、失業保険が切れた人や、失業保険に加入していなかった人の生活費を補助する制度です。「失業保険」と「生活保護」の中間的なものです。

この制度は、イギリス、フランス、ドイツ、スペイン、スウェーデンなどが採用しています。

たとえばドイツでは、失業手当と生活保護が連動しており、失業手当をもらえる期間は最長18カ月ですが、もしそれでも職が見つからなければ、社会扶助（生活保護のようなもの）が受けられるようになっています。

その他の先進諸国でも、失業手当の支給が切れてもなお職が得られない者は、失業手当とは切り離した政府からの給付が受けられるような制度を持っているのです。

その代わり公共職業安定所が紹介した仕事を拒否すれば、失業保険が受けられなかったり、失業手当を受けるためには、財産調査をされたりなどの厳しい制約もあります。

日本の場合は、失業すれば雇用保険はだれでももらえますが、期間は短いし、雇用保険の期間が終われば、経済的には何の面倒も見てくれないのです。

そして日本は自殺大国になった

これらの経済政策の失敗、社会保障の不備などにより、日本は世界最悪クラスの自殺大国になってしまいました。

近年、日本では自殺者が年間2万人を超えています。

表9のように世界的に見ても、日本の自殺率は非常に高くワースト9位です。**世界で9番目に自殺率が高いということは、世界で9番目に生きる希望がない国ということで**

表9

自殺死亡率世界ランキング（人口10万人あたり）

1位	リトアニア	28.8人
2位	ガイアナ	27.7人
3位	韓国	26.5人
4位	スリナム	23.7人
5位	スロベニア	20.5人
6位	ラトビア	19.6人
7位	ロドリゲス島	18.9人
8位	ウルグアイ	18.7人
9位	日本	18.5人
10位	ベラルーシ	18.4人

出典：「世界保健機関資料２０１８年９月」より厚生労働省作成

先進主要国の自殺率（人口10万人あたり）

日本	18.5人
アメリカ	13.8人
イギリス	13.8人
ドイツ	7.5人
フランス	12.3人

出典：「世界保健機関資料２０１８年９月」より厚生労働省作成

す。

通常、この自殺率の上位国というのは、時代によって入れ替わりがあります。政変や戦乱が起きたときは自殺率が上昇するからです。

しかし日本はこの10数年、ずっとワースト10に入り続けているのです。現在の10位以内の国のうち、10年前も10位以内に入っていたのは、日本とベラルーシと韓国とガイアナだけです。

つまり日本は長期間にわたり、世界に中でも自殺が多い国といえます。

しかし日本は昔から自殺率が高かったわけではありません。1995年の時点では先進国の中では普通の水準でした。フランスなどは日本よりも高かったのです。

しかし90年代後半から日本の自殺率は急上昇し、他の先進国を大きく引き離すことになりました。一時的には年間3万人を超えることもあったのです。この当時の日本の自殺率を押し上げたのは、中高年男性の自殺の急増です。90年代後半からリストラが激しくなり、中高年男性の失業が急激に増えたのです。

その後、中高年の自殺が落ち着くと今度は若者の自殺が多くなりました。若者の就職が難しくなったのが大きな要因だと見られています。

このデータを見たとき、我々はこれまで一体何をしてきたのか、疑問を持たざるをえません。こんな社会をつくるために、一生懸命頑張ってきたのだろうか？　と。

そしてくれぐれも生活に困窮して死を選ぶようなことはしないでほしいと思います。死ぬくらいなら、生活保護を受給しましょう。

第3章 先進国とは言えない日本の生活保護

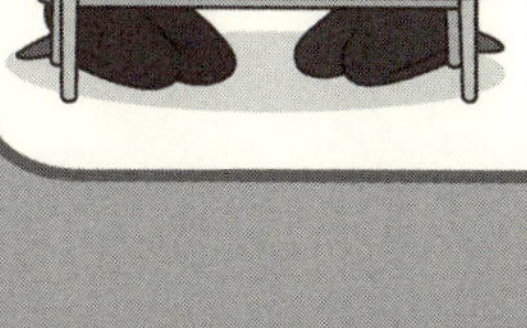

日本の生活保護予算はアメリカの10分の1

昨今、日本では生活保護受給者が急増しています。

これらを見たとき、「日本は生活保護が多すぎる」と思う人もいるかもしれません。

しかし、その考えは早計です。

確かに日本ではこの十数年で生活保護が激増しており、それはそれで大きな問題であり、解決しなければなりません。しかし、ここで一旦、世界に目を転じてみましょう。

日本の生活保護は先進諸国と比べてどうなのでしょうか？

多いのか少ないのか、充実しているのか、いないのか。

日本人は皆、日本の社会保障は先進国並みと思っています。しかし、これは大きな勘違いなのです。

驚くべきことかもしれませんが、**日本はほかの先進国と比べると、生活保護の支出も受給率も非常に低い**のです。

日本の場合、本来は必要な人の20～30％程度しか生活保護を受けていないとされています。生活保護基準以下で暮らしている人たちのうちで、実際に生活保護を受けている人がどのくらいいるかという「生活保護捕捉《ほそく》率」は、日本ではだいたい20％程度とされているのです（『反貧困』湯浅誠著・岩波新書）。

つまり、生活保護を受けるべき状況なのに受けていない人が、生活保護受給者の４倍もいるというのです。

しかしイギリス、フランス、ドイツなどの先進国では、要保護世帯の70～80％が生活保護を受けているとされています。

また日本の生活保護は、その予算自体も、先進国に比べれば圧倒的に少ないのです。日本の生活保護費は、社会保障費のうちの10％にも満たないのです。ＧＤＰ比では０・３％であり、自己責任の国アメリカの１割程度なのです。

また生活保護受給者の数も圧倒的に少なくなっています。国民のわずか１％以下であり、これもアメリカの１割程度です。

この事実は、「日本は生活保護の必要が少ない豊かな国」というわけではもちろんありません。

日本では、生活保護の必要がある人でもなかなか生活保護を受けることができない。

つまり「日本は生活保護が非常に受けにくい」ということなのです。

欧米諸国は、国民の権利はきちんと守るのです（少なくとも日本よりは）。生活保護の申請を、市役所の窓口でせき止めるなどということは、絶対にあり得ないのです。もしそんなことをすれば、国民から猛反発を受けるのです。

繰り返しますが、日本の生活保護は、先進国に比べれば、まったく貧弱なのです。

8人に1人が生活扶助を受けているアメリカ

日本の社会保障が貧困なのは、金額だけではありません。その内容も、非常にお粗末なのです。

たとえば「自由競争の国」とされているアメリカは、貧困者への扶助に日本の10倍を費やしています。しかもアメリカの扶助は、日本のように生活保護一本やりではありません。バリエーションに富んだメリハリの利いた保護を行っているのです。

アメリカには勤労所得税額控除（ＥＩＴＣ）と呼ばれる補助金があります。これは収入が一定額以下になった場合、国から事実上の補助金がもらえるという制度です。

ＥＩＴＣとはEarned Income Tax Creditの略です。課税最低限度に達していない家庭は、税金を納めるのではなく、逆に還付されるという制度で、１９７５年に貧困対策として始まりました。

子供が多い家庭は割増の補助を受けられます。

また、２０２１年3月11日に発効した２０２１年アメリカ救済計画法により、子供がいない労働者の控除額を大幅に増加しただけでなく、控除を受けられる所得金額上限値を引き上げています。

貧しい家庭では、現金給付、食費補助、住宅給付、健康保険給付、給食給付などを受けられる制度もあり、ＥＩＴＣとともに、低中所得者に対する包括的な公的扶助制度となっています。

イギリスやフランスにも同様の制度があります。

このように、欧米では手厚い公的扶助が受けられるのです。特に子供のいる貧しい家庭には多くの補助があるのです。

豊かな者も貧しい者も子供がいれば一律に受けられる日本の子供手当が、いかに雑な公的扶助であるか、わかるというものです。

またアメリカは子供のいない健常者（老人を除く）などに対しては、現金給付ではなく、ＳＮＡＰなど食費補助などの支援が中心となります。現金給付をすると、勤労意欲を失ってしまうからです。

ＳＮＡＰとは、低所得者の食費や生活必需品の購入を補助する制度です。食料や生活必需品しか買えないカードが支給され、スーパーやレストランなどで使用できます。酒、タバコなどの嗜好品は購入できません。支給額は州や所得によって異なりますが、だいたい一人月1万円～2万円となっています。三人家族であれば4万円～7万円くらいになります。生活必需品購入に一人月1万円～2万円の補助がある、しかも恒久的にもらえる、というのは、大変に助かるはずです。これは１９６４年に貧困対策として始められたフードスタンプが起源となっています。

このＳＮＡＰは申請すれば比較的簡単に受けられます。日本の生活保護よりは、はるかにハードルが低いのです。２０２２年3月のアメリカ農務省の発表では、４０００万人以上がＳＮＡＰを利用しているそうです。実に、アメリカ国民の12％がＳＮＡＰの恩恵に預かっているのです。

日本にもSNAP制度があれば餓死事件は防げた

もし日本にもアメリカのSNAPのような制度があれば、生活保護行政全体がかなり充実するし、多くの不正受給も防げるはずです。

「生活保護までは受けたくないけれど、国にちょっと援助してほしい」という人は多いはずです。また、少し援助してもらえば、生活保護を受けなくて済む人、路上生活に陥らなくて済む人もたくさんいると思われます。

SNAPがあれば、そういう人たちを救うことになるのです。

2007年に北九州市で起きた生活保護を止められた人が「おにぎりが食べたい」と書き残して餓死した事件も、もしSNAP制度があれば防げたはずです。

「SNAPは、自分が貧しいということを公表するようなものだから、嫌がる人が多いのではないか？」

という意見もあるかもしれません。

しかし少しやり方を考えれば、そんな問題は簡単にクリアできるのです。

昨今は、通信販売網などが整備されているのだから、フードスタンプで受け取る食糧を宅配配給制などにすればプライバシーは守られます。

たとえば、一定の収入以下の家庭には、年間数十万円分の食糧が支給されるようにするのです。受給者はカタログを見て、その中から金額内の食糧を自由に選んで送付してもらうのです。

現在、食品のネット販売をしている業者は多数あり、官庁が公募すれば、この事業をやりたがる業者はいくらでもいるでしょう。そして普通のスーパーなどで購入するよりも、かなり格安で食糧を支給することが可能なはずです。

また食糧の支給は、現金の支給と違って、転用するのは難しいので、不正受給をしようとする人もかなり減るはずです。不正受給が発覚した事件などを見ても、現在、不正受給をしている人たちは、お金が欲しくてやっているのであり、食糧をもらってもあまり意味がないケースが多いからです。

こういう「ちょっとした工夫」「状況に合わせた対応」が、日本の社会保障行政ではまったくなされていないのです。

もちろん、アメリカのＳＮＡＰにも、様々な欠陥はあるでしょう。別の意味での不正受給が生じる可能性もあります。それらの問題はクリアしていく必要があるでしょう。

しかし、大事なのは、生活保護行政に多様性と利便性を持たせるということです。

現状、日本の制度はあまりに硬直化しており、利便性が悪いうえに、財政の無駄も招いているのです。

低所得者向けの公営住宅も圧倒的に少ない

日本では直接的な社会保障だけではなく、貧困者のためのインフラ整備も圧倒的に遅れています。

その最たるものが、住宅政策です。

日本は低所得者への住宅支援が先進国とは思えないほど少ないのです。

日本では住宅支援というと、公営住宅くらいしかなく、その数も全世帯の４％に過ぎません。支出される国の費用は、わずか２０００億円前後です。先進諸国の１～２割に過ぎないのです。しかも、昨今、急激に減額されているのです。

２０００億円というのは、国の歳出の０・２％程度でしかありません。また国の公共事業費の2％に過ぎないのです。住む家がない人が大勢いるというのに、橋や道路をつくっている場合ではないだろうという話です。

他の先進国ではこうではありません。

フランスでは全世帯の23％が国から住宅の補助を受けています。その額は、1兆8000億円です。またイギリスでも全世帯の18％が住宅補助を受けています。その額は2兆6000億円。自己責任の国と言われているアメリカでも、住宅政策に毎年3兆円程度が使われているのです。

日本で公営住宅に入れる基準は、夫婦と子供1人の三人家族の場合、世帯収入がだいたい「月収20万円以下」となっています。

大変に厳しい基準です。

しかも、月収が基準以下の人ならだれでも入れるというわけではありません。公営住宅の総戸数が圧倒的に少ないので、抽選に当たった人しか入れないのです。どこの地域でもだいたい10倍程度の倍率となっており、東京などでは30倍を超えるのです。

つまり公営住宅は、貧困対策としてはまったく機能していないといっていいのです。

生活保護やネットカフェ難民などが増えたのも、この住宅政策の貧困さゆえだといえます。

ネットカフェ難民などの多くは、なんらかの仕事をしており、なんらかの収入があるけれど、家賃を払えなくなったため、ネットカフェを寝る場所として利用しているのです。公営住宅にもっと簡単に入ることができれば、ネットカフェ難民の問題などすぐに解決するはずです。

生活保護やホームレスなどもしかりです。先にも述べましたが、低所得者が生活に行き詰まるのは、家賃が払えなくなったときです。家賃が払えなくなったとき、生活保護を求めるか、それができなければ路上生活に追い込まれるのです。

もし日本が欧米並みの年間2兆円の住宅支援をしていれば、概算でも100万世帯以上の住宅が確保できるはずです。

日本の生活保護は半減しているでしょうし、ホームレスやネットカフェ難民などもいないはずです。

生活保護の受給漏れは約1千万人

昨今「生活保護が増えたのは、不正受給が増えたから」と思っている人もいるかもしれません。確かに、生活保護において不正受給の問題は見過ごすことはできないものです。しかし、生活保護激増の全体的な流れから見れば、不正受給はそれほど大きな存在ではないのです。

というのも、今の日本社会は、生活保護を受給できるレベル（つまり所得が一定基準以下ということ）の人が激増しているのです。そして、実際に生活保護を受給している人は、そのうちのごく一部に過ぎません。

現在、生活保護以下の生活をしている人は、1千万人以上と推定されています。いささか古いデータになりますが、2007年、厚生労働省は、生活保護を受ける水準の家庭がどのくらいいるかという調査を行い、その結果を発表しています（「生活扶助基準に関する検討会・第一回資料」）。この調査結果によると、低所得者層の6〜7％は、生活保護水準以下の生活をしていることが判明しました。

仮に国民の7％とするならば、約900万人です。生活保護を受けている人は200万人なので、700万人が生活保護の受給から漏れているということです。

この700万人が生活保護の申請をすれば、その多くは生活保護を受けられるはずです。生活保護の受給者は激増していると言いつつも、実は、貧困層全体から見れば氷山の一角に過ぎないのです。

しかも、この低所得者というのは、近年、急激に増加し続けています。生活保護の受給漏れは、おそらく1千万人近いものと思われます。

必要な人に届かず不必要な人が悪用できるシステム

日本の生活保護は、

「支給すべきところに支給されず、支給してはならないところに支給されている」のです。

生活保護が受けられずに餓死したり心中したりするというような事件が、時々聞かれます。そのたびに、「なぜ、こういう人が生活保護を受けられないのか」「何のために生活保護があるのか」と世論が沸騰《ふっとう》します。

その一方で、「生活保護を受給しながら贅沢な暮らしをしている人」や「多額の生活保護を騙しとっていた人」などの報道がされるときもあります。

本当は高収入があるのに生活保護を受けていた、暴力団関係者が生活保護で豪遊していたなどというケースです。また最近では、暴力団関係者でなくても不正受給をする人が増えているようです。ネットなどの情報で知恵を得て、精神疾患を装って生活保護の不正受給をするケースが増えていると見られます。

なぜこのようなことになるのでしょうか？

なぜ生活保護は、本当に困っている人を助けてくれず、ずるいことをする人ばかりがいい目を見るのでしょうか？

最大の要因は、生活保護システム自体にあるといえます。

現在の生活保護システムは矛盾だらけ、欠陥だらけなのです。

なぜ自治体は生活保護費を出したがらないのか？

生活保護システムの最大の欠陥点は、「責任の所在が明白ではない」ということです。

本来、生活保護というのは、憲法で定められている国民の権利なので、国が責任をもってやらなければなりません。

が、現在、生活保護制度は、地方自治体が窓口となっています。

そして、予算の面でも、国と自治体が出し合うというような形になっているのです。

それが、責任のあいまいさを生んでいるのです。

本来、生活保護費というのは、国がすべて出さないといけないはずです。憲法で定められた国民の権利であり、地域によって生活保護が受けやすい、受けにくいなどのばらつきがあってはならないからです。

しかし実際は、生活保護の費用は、４分の３を国が出し、４分の１を地方自治体が出しているのです。地方が支出している４分の１は、国から出されている地方交付税で賄われているという建前になっています。だから、建前のうえでは、国が全部出していることになっています。

しかしながら、地方交付税は、生活保護費に関してひも付きで支給されているわけではありません。「生活保護費は地方交付税の中で賄ってくれ」という話に過ぎないのです。

そのため、生活保護費が増えれば、地方自治体の財政は圧迫されることになります。

だから地方自治体としてはなるべくなら生活保護は受け入れたくないのです。

特に、財政事情の苦しい自治体や、生活保護者の多い自治体は、その傾向が強くなります。

餓死者を何名も出している悪名高き北九州市などは、まさにこの典型です。

北九州市は、旧炭鉱地を抱え、貧困者が非常に多いのです。しかも、市の財政は火の車でした。だから市の職員は、生活保護に関して組織的にブレーキをかけられていたのです。

「新規の受け付けは極力避ける、そして、現在の生活保護者も、なるべく辞退させるように働きかける」

市の職員は、組織的にそういう指示を受けていたはずです。それは、北九州市に限らず、全国の財政が苦しい自治体では同様です。

それが、たびたび餓死者が出てしまう原因なのです。

生活保護を受給させない「水際作戦」「硫黄島作戦」とは?

財政が苦しい自治体は、なるべく生活保護を支給したくありません。しかし前述したように、生活保護というものは、条件さえ満たしていれば、誰でも受けられるものです。

では、自治体はどうするのでしょうか？

違法ギリギリ（もしくは違法）の対応をして、生活保護の申請をブロックするのです。

ブロックの方法は、「水際作戦」「硫黄島作戦」などと言われています。

「水際作戦」とは、生活保護の申請に訪れた人に対して、

「あなたはまだ働けるでしょう」

「親戚に頼んでみては」

などと言って、申請書を渡さないという方法です。これらの言葉はまだいいほうで、人格を否定されるようなことを言われることもしばしばだと言われています。

窓口で申請者を追い返す「水際作戦」だけではなく、「硫黄島作戦」という方法もあります。

こちらは、生活保護を申請し、受給している人に対して、あれこれと難癖をつけて、生活保護の受給を打ち切らせるというものです。

太平洋戦争中、硫黄島の戦いで日本軍は、アメリカ軍を水際で食い止めることはせず、一旦、上陸させたうえで、反撃するという作戦をとりました。それに例えて、生活保護を受けている人の支給を取り消しすることが硫黄島作戦と呼ばれるようになったの

です。

この「硫黄島作戦」では、生活保護の受給者に対して、生活保護を自ら辞退させるという方法がとられることが多いのです。

本来、生活保護の必要があるのに、役所が勝手に生活保護の支給を止めることはできません。

生活保護の支給を停止するには、受給者が収入を得られるようになったり、生活保護がなくても生活が安定したりするなどの高い条件をクリアしなければならないのです。

しかし建前上、受給者が自ら辞退するなら、とりあえず法的な問題はありません。そのため、生活保護受給者を追い込んで、辞退届を書かせるのです。

北九州の「おにぎり食べたい」と書き残して餓死した事件でも、生活保護の辞退届を書かせていました。

日本では、生活保護を受ける資格があるのに受けていない「受給漏れ」が、生活保護受給者の何倍もいる、ということを前述しましたが、それはこういう役所の対応にも大きな要因があるといえます。

役所の対応は違法

このような「水際作戦」「硫黄島作戦」は、実は違法行為です。裁判を起こされれば、役所側が絶対に負けます。

一般の市民の方は、「役人が言うことは法律上、適正なものだ」と思ってしまいます。だから、役人から「あなたは生活保護を受ける資格がないから申請書は渡せない」と言われれば、「そうか」と思ってしまいます。

しかし役人が窓口でいろいろと難癖をつけて生活保護の申請書を渡さないというのは、その行為そのものが実は違法なのです。

国民が生活保護の申請をすれば、役所は原則として、必ず受理しなければなりません。そして申請者が生活保護の受給要件を満たしていれば、生活保護は開始されるのです。もし、申請者に生活保護受給の資格がないのなら、申請を受け付けたうえで、却下するというのが正規の手順なのです。

申請書を渡さないで追い返すというのは、まったくデタラメなやり方なのです。

役所がなぜこのようなデタラメなやり方をするのかというと、〝申請希望者のほとんどが生活保護の受給資格がある〟からなのです。つまり、生活保護受給の資格がないから追い返すのではなく、その逆なのです。

役所としては、申請をすべて受理していれば、生活保護者が急増してしまいます。そのために役所は、申請を受理する前に、役所の窓口で、申請希望者を追い返してしまうのです。

これは、昭和56年11月に当時の厚生省から出された「生活保護の適正実施の推進について」という通知以降のことだと言われています。

この通知が出された当時、暴力団の不正受給が問題化していました。そのため厚生省は各自治体に対して「不正受給をなるべく防ぐように」という指示の通知を出したのです。

各自治体はこの通知以降、生活保護の相談・申請があっても、極力追い返すという方針を取るようになりました。

それがエスカレートして「生活保護の申請をさせないことが、役所の仕事」というようになっていったのです。

そもそも生活保護担当者の数が少なすぎる

福祉事務所のケースワーカーは、生活保護の受給者に対して、「就労の指導」を行うこととされています。

しかしながら、この「就労の指導」というのが、まったく無責任なのです。

生活保護受給者の生活を立て直すためには、具体的な職を紹介するなどをしないと、何の役にも立たないはずです。

「あなたは健康だから働ける」

などと連呼するだけでは、「就労の指導」とはとても言えないのです。

なぜなら健康だから働けるといっても、世の中には、まともに働いても生活保護以下の収入しか得られないワーキング・プア状態が蔓延しているからです。

真に「就業の指導」をするというのなら、きちんと生活保護以上の収入が得られる仕事を紹介しないと、意味はないのです。

「あなたは働ける」けれど、「働く場所は自分で探せ」と言うだけなら、「就業の指導」

などないほうがマシです。

生活保護受給者というのは、健康で食べていけるだけの仕事を得られなかったから、生活保護の申請をしているのです。

そもそも生活保護受給者の面倒を見たり、指導したりする役割の「ケースワーカー」の人数が、実は非常に少ないのです。

ケースワーカーは、一人当たりだいたい80件以上の生活保護受給者を担当しています。80件もの生活保護受給者を担当していれば、ほとんど事務処理だけで忙殺されてしまうはずです。

定期的に受給者の家を訪ねて、生活状況を聞いたり、就職の指導をしたりすることは、まず不可能に近いのです。

生活保護の受給者がどんな生活を送っているのかもあまり把握されていないし、就職の世話や就職に結びつくような指導などもほとんど行われていません。一応、制度はあるにはあるのですが、ほとんど機能していないのです。

ケースワーカーがもっと増えれば、受給者の指導なども行き届くし、受給漏れも減り、不正受給も減らせるはずです。

日本の行政は、大事な部分で予算をケチるので、かえって高くつくというケースが非常に多いのです。

バラバラで非効率な社会保障

そもそも日本の社会保障は、失業保険（雇用保険）、年金、生活保護、それぞれを管轄する官庁がみなバラバラで相互の連絡もなく有機的な機能性がまったくないのです。失業保険と年金、生活保護などが連携すれば、今よりはるかに効率的な社会保障ができるはずなのです。

たとえば「年金の額をもう少し増やせば、生活保護を受けずに済む」というケースは多々あります。

この場合は、年金の額を補助すれば生活保護は支給しなくても済むので、国家全体としても安上がりになります。

「失業保険をもう少し長くもらえれば、年金につながり生活保護を受けなくてもいい」というようなケースも多くあります。この場合も、失業保険の支給期間を少し延ばせば、国全体の支出が減るのです。

またその逆に、必要もないのに失業保険をもらい、その後悠々と年金をもらうというケースも非常に多いのです。そういうケースでは、失業保険の支給はしないような処置をするべきでしょう。

現在の制度では、年金は年金、生活保護は生活保護、失業保険は失業保険というふうに各自が独立し、相互の協力関係はまったくないのです。これが結局、巨大な無駄を生んでいるのです。

生活保護費の50%以上は医療機関に流れている

生活保護には役所の不適切な対応問題だけではなく、さらに大きな問題があります。

それは、「生活保護費の大半は、受給者の生活費に使われていない」というものです。

あまり表面化することはありませんが、**生活保護費用として税金から出されているお金のうち、半分以上が医療費**なのです。

現在、日本の生活保護費は3兆4000億円程度です。2011年に3兆円を超えたときには大きく報じられました。

生活保護費というと、「貧困者の生活費」というイメージがあります。しかしこの生活保護費のうち、半分以上は医療機関などに渡っているのです。

これは異常なことです。

確かに生活保護受給者の中には、病人や身体に障害がある人も多いのです（病気や障害を理由に生活保護を受けている人は約３割程度）。だから普通の家庭よりも医療費が若干、高めになることは考えられます。

しかしいくら高めになるといっても、生活費の半分が医療費になるなどは常識では考えられません。この数値は、作為的に医療費を跳ね上げているとしか言いようがないのです。

なぜ医療費がこれほど跳ね上がったのでしょうか？

それは生活保護のシステムが大きく関係しています。

生活保護受給者の医療費というのは、前述したように全額が生活保護費から支給されます。

医療機関にとってみれば、請求すればした分だけ、自治体が払ってくれるということです。受給者にとってもまったく負担感はありません。だから、どれだけ診療費がかかろうとお構いなしです。

最近では、精神疾患を装って生活保護を不正受給するという手口も増えていますが、その背景にも、この生活保護と医療費のシステムがあるのです。つまり、精神疾患の診断書を簡単に出すことによって、生活保護受給者をつくり出し、病院の「顧客」を増やそうという算段なのです。

実は医療機関にとって生活保護費というのは、重要な収入源になりつつあります。生活保護費が多いか少ないかを論じるとき、医療費の問題は避けて通ることができません。というより医療費を削減できれば、生活保護費は大幅に削減できるのです。

実際、大阪市などそれをやろうとしている自治体もありました。

指定病院の過剰診療とは？

悪質な貧困ビジネスの一つとして、病院の過剰診療というものがあります。

前述したように生活保護では医療費が全額公費負担とされています。そのため、病院側としては、生活保護の受給者が受診しに来れば、お金の取りっぱぐれはまったくなく、むしろ病院としては上客といえます。

そのため、生活保護の受給者に対して、過剰な診療を施して、多額の診療報酬を得る悪徳病院がかなりあるとされているのです。

生活保護の受給者が受診する病院というのは、生活保護指定病院だけです。生活保護指定病院というのは、役所があらかじめ指定し、生活保護受給者に「この病院に行きなさい」と通知した病院です。大きな病院の多くはこの生活保護指定病院となっていますが、小さな医院や歯科医などは指定を受けていないこともあります。

以前は、生活保護者が受診に来るのを嫌がって、生活保護指定病院にならない病院もありましたが、昨今は、病院経営も楽ではないために、積極的に指定病院になっているケースが多いのです。

現在、生活保護の指定病院になるための明確な基準はなく、病院側が申請すれば事実上、すべて指定されています。

そして前述したように、これらの指定病院の中には、過剰に診療報酬を得ているものもあるのです。

２０１２年３月の厚生労働省の発表によると、生活保護受給者が必要以上に病院に通院する「過剰受診」は全国で３８１６人だったそうです。これは明るみになったケースだけであり、実際はその数倍はあると見られています。

そしてこれが自治体の財政上の問題ともなっているのです。

精神疾患を装って生活保護

先にも述べましたように生活保護の不正受給には、精神疾患を装うという手口があります。たとえば、２０１２年２月にはマスコミで次のような事件が報じられました。

埼玉で風俗店を経営する男が、生活保護を不正に受給していたとして、詐欺容疑で逮捕されたのです。

この男は、風俗店などの稼ぎで４千万円の預金がありながら、精神疾患で働けないなどとして、生活保護を申請し、約１年にわたり計２００万円程度を詐取していたそうです。

このニュースが報じられたとき、不思議に思った人も多いでしょう。

「精神疾患というのは、そんなに簡単に装えるものなのか？」と。

実は、精神疾患の診断基準というのは、驚くほど曖昧です。

だから精神疾患を装って生活保護を詐取しているケースは、非常に多いのではないかと言われています。

なぜ、精神疾患での生活保護の詐取は簡単なのでしょうか？

普通の人は信じられないかもしれませんが、実は精神疾患かどうかということを客観的に判別する方法は、まだないのです。

重度の精神疾患である「統合失調症」や「鬱病」でさえ、その病状が数値で表れるわけではないのです。脳や身体に特別な異常数値が見られるわけではなく、その人の行動や言動などから、医者が判断するしかないのです。

だから逆に言えば「精神疾患」かどうかということを客観的に示す証拠はなく、医者が診断さえすれば、「精神疾患」ということになるのです。

非常にわかりやすい例が、埼玉で連続幼女誘拐殺人を起こした宮崎勤死刑囚のケースです。この事件の裁判では、精神科医数名による精神鑑定が行われましたが、それぞれ違う診断が下されました。「統合失調症」「解離性同一障害」「その他」と、病名さえ異なる診断が下されたのです。

もちろん、3人とも日本で有数の名医とされる人たちです。3人の名医たちがそれぞれ違う診断を下したということは、精神疾患というのは、非常に曖昧な基準の病気だという照明でもあるのです。

だから、普通の人が精神疾患を装おうと思えば簡単に装うことができるのです。

統合失調症の特徴である「幻聴」や「妄想」などを言い立ててれば、医者によっては簡単に精神疾患だと診断することもあります。

生活保護を食い物にする悪徳精神病院

「精神疾患を装って生活保護を受ける」

というケースが多いのは、病院側が利益を得るために、簡単に診断書を書いていることも原因の一つだと見られます。

精神疾患の診断書を書いてやり、その人が生活保護を受けられるようになると、その人は通院することになります。病院としては顧客が増えることになるのです。こういう病院は、ネットなどで「生活保護が受給しやすい」と噂になることもあります。

そして精神疾患の場合、生活保護ではなく、障害年金を受けるケースも多いのです。

障害年金の場合、支給が認定されるまで時間がかかるので、そのつなぎとして生活保護を受給している人もたくさんいます。

そのため、精神疾患を装い、障害年金をもらっている人もかなりの数いるのではないかと見られています（当然のことながら実態調査などは行われていないので、総数などはわかっていません）。

悪質な病院では、大した症状でもないのに、わざと重度の精神疾患のような診断を下し、患者に生活保護や障害年金を勧める場合もあります。

筆者が取材した中でも、こういう話がありました。

ある女性（仮にA子としておこう）が、マスコミなどにも時々登場する著名な精神科医のクリニックで診断を受けたところ、重度の精神疾患と診断され、仕事はやめたほうがいいと言われました。

A子が医者に「仕事をやめれば生活できない」というと、クリニック側で生活保護と障害年金の手続きを取ってやると言われたので、それに従いました。これが不幸を招いたのです。

その女性には、鬱傾向はありましたが、それまでは一応、仕事をし、友人との交遊も持っていました。しかし医者の指示で仕事をやめてからは家に閉じこもるようになり、鬱が悪化しました。その挙句、自殺してしまったのです。

ちなみにこのクリニックについては、『噂の真相』（株式会社噂の真相、現在は休刊）などでレポート記事が書かれたこともあります。

精神医療と生活保護の怪しい関係

筆者は、いくつかの事例だけを持って、精神疾患での生活保護を全面的に批判するつもりはありません。本当に精神疾患で苦しい思いをしている人は、生活保護や障害年金で救うべきでしょう。

しかし、今のままではあまりに条件が緩すぎるというのは、あると思います。

そもそも「精神疾患で働けないのに一人暮らしをしている」ということは、客観的に見てもおかしいのです。精神疾患で働けないような状態の人を、一人暮らしにさせておけば、いつ自殺しないとも限りません。だから、「精神疾患で働けない」というような診断が下された場合は、家族の元へ返したり、しかるべき施設に入所させたりするなどの処置をとるべきだと思われます。

逆に言えば、一人暮らしで普通に生活できる人が、「精神疾患で働けない」という診断を受けるのはおかしいのではないとも思われます。

また厚生労働省や自治体は、精神科などをきちんと調査し、患者に生活保護受給者が異常に多いような病院は、その診断内容を精査する必要があると思われます。

精神医療というのは、先ほども述べたように、病気が科学的な数値で判断されるものではないので、医療側の「言ったもの勝ち」という仕組みになっています。

もちろん、精神医療機関のすべてがそういう悪質なものではなく、まっとうな医者や病院も、かなりあるはずです。だから、精神医療全体を批判しても、解決する問題ではありません。

しかし、もしこのまま精神疾患の生活保護や障害年金が増え続ければ、社会は納得しないだろうし、精神医療への信頼は揺らぎ続けると思われます。

貧困地区に増殖する「福祉アパート」とは？

病院が生活保護を食い物にしている現状を前述しましたが、生活保護を食い物にしているのは病院だけではありません。急速に拡大する〝生活保護市場〟を狙って、悪質な業者が参入してきているのです。

いわゆる**「貧困ビジネス」**というヤツです。「貧困ビジネス」とは昨今、貧困者を相手にした悪質なビジネスのことで、昨今、急激に事業者が増えています。

そして、この貧困ビジネスの格好のターゲットになっているのが、生活保護の受給者や、ホームレス、ワーキング・プアの人たちなのです。

貧困ビジネスの代表的なものに、「福祉アパート」と呼ばれるものがあります。

「福祉アパート」というのは、路上生活者などに部屋や食事を提供するビジネスのことです。

彼らは慈善事業者ではありません。路上生活者に住所を与えて住民票を取らせることで生活保護を受給させ、その生活保護費から、部屋代や各種手数料などを徴収しているのです。一見、社会正義のように見えるこの貧困ビジネスですが、実態はそうではありません。

行くあてのない路上生活者の弱みに付け込み、法外な家賃や寮費を請求し、生活保護費の大半を巻き上げるケースが多いのです。そのため貧困ビジネスは社会問題化しつつあります。

福祉アパートは、大阪のあいりん地区や東京の山谷など、日雇い労働者が集まる場所に多く存在します。

また福祉アパートは、以前は簡易宿泊所だったものが多いのです。簡易宿泊所というのは、一泊１０００円前後で宿泊できる格安の宿泊所です。

あいりん地区や山谷には以前は全国から労働者が集まっていたので、簡易宿泊所が多かったのです。しかし、長引く不況の影響で、労働者が宿泊費を払えなくなり、路上生活をするケースが増えました。

路上生活者は、住民票がないので生活保護が受けられません。しかし福祉アパートに収容し、住民票を取らせて、生活保護を受けられるようになれば、毎月一定の収入が生じます。

また路上生活者は、他に行くあてもなく自分でアパートを借りる財力もないことから、一旦、福祉アパートに入居すれば、長くとどまることになります。だから福祉アパートは、簡易宿泊所よりも安定した稼ぎが得られます。そのため福祉アパートが急増したのです。

貧困ビジネスの功罪

「貧困ビジネスは、貧困者を食い物にしている」ということは確かにあります。しかし、貧困ビジネスは、貧困者にとって需要があるから存在するわけであり、単純には断罪はできません。

というのも、何度か触れたように路上生活者が自ら生活保護を申請することはなかなか難しいからです。もし福祉アパートがなければ、路上生活者はもっと増えていたでしょう。福祉アパートの住民が路上生活をしなくていいのは、福祉アパートのおかげでもあるといえるのです。

しかし社会全体から見ると、やはり「悪徳」です。生活保護というのは、税金で賄われているのです。税金で賄われるのをいいことに、法外な値段の家賃収入を得ていることは、社会にとって大きな負荷をもたらします。

そしてこの貧困ビジネスには、もう一つ問題があります。それは脱税が多いということです。

２０１１年11月の大阪国税局の発表によると、西成区のあいりん地区の福祉アパート事業者20社を税務調査したところ、約3億円の申告漏れが見つかりました。そのうち、2億円は悪質な所得隠しであり、追徴税は1億円に上ったそうです。

福祉アパートの脱税の手口は、単純です。

宿泊料の一部を除外したり、併設されたコインランドリーやゲームセンターの売上の除外をしたり、というものです。

貧困者相手のビジネスには、もっとまともな業者が参入してこれるような環境をつくるべきだと筆者は思います。貧困者相手のビジネス自体が悪いのではなく、良い業者があまりいないことが問題なのです。

路上生活者を収容し、生活保護の申請を代行し、〝まともな値段〟の家賃を取るならば、社会にとって良いことでもあるのです。

ＮＰＯ法人の貧困ビジネスとは？

福祉アパートと似たケースに、ＮＰＯ法人による収容施設があります。

ＮＰＯ法人というと、貧困者のために活動している福祉団体というイメージがあります。もちろん、その多くはそのイメージ通りのものです。

しかし、一部にはＮＰＯ法人の皮を被っている「貧困ビジネス業者」もいるのです。

やり方は、福祉アパートとほとんど変わりません。ＮＰＯ法人が建物を借り、路上生活者などを集めて住まわせ、生活保護を受給させるのです。

これだけならば立派な福祉活動です。

しかし彼らの場合は、入居者から多額の家賃を徴収するのです。生活保護で認められた住居扶助費の限度額ギリギリの家賃に設定されていることも多いようです。

かといって入居者たちは、いい部屋に住んでいるというわけではありません。トイレ、風呂は共用の、寮のような部屋がほとんどです。中には、一つの部屋に複数が入るドミトリータイプもあります。

そんな部屋で多額の家賃を取るのだからぼったくりです。この構造は、福祉アパートとまったく変わりません。ＮＰＯ法人の皮をかぶっているだけに、余計悪質だともいえます。

そもそもＮＰＯ法人というのは、実は不正がはびこりやすい土壌を持っています。というのもＮＰＯ法人は、それを監視するシステムがほとんどないのです。

一般の企業とは異なり、決算書をつくって株主に企業内容を報告するような義務はありません。一応、管轄の役所に一定の報告書を提出することになっていますが、それは形式的なものです。

また一般企業であれば、税務署の厳しいチェックにさらされますが、ＮＰＯ法人の場合は、それもあまりありません。つまり、ＮＰＯ法人は、ある意味、法の抜け穴的な存在になっているのです。

そのため、ＮＰＯ法人では会計などがぐちゃぐちゃで、不正な支出が多いケースも多々あります。

本来は、社会福祉に志を持ってＮＰＯ法人を立ち上げた人でも、外部の監視の甘さから、不正を行うようになったケースも多いのです。

またＮＰＯ法人の〝特典〟を狙って、もともと悪徳業者だった者がＮＰＯ法人をつくるケースも多いようです。

ＮＰＯ法人だからといって、頭から信用することはできないのです。

第4章

福祉を使い倒そう

家賃、住宅ローンを税金で払ってもらう

大きな規模ではありませんが、生活保護のほかにも公的な生活支援制度はあります。生活が困窮したときには、そういう制度をうまく使いたいものです。

地方自治体では様々な補助金、助成金を設けています。

一番目につくのは住宅関連の支援です。

たとえば、東京都の千代田区では、区内で移転した若い世帯、区内の親元に戻ってきた若い世帯などに、家賃や住宅ローンの支援を行っています。支援する金額は、２万円から最高なんと８万円（世帯人数６人以上）なのです。また大阪市では、新婚世帯に月に最大２万円、最長72カ月間家賃支援を行っています。

他にもケーブルテレビの設置費用を出してくれたり、自宅を耐震改修した場合に補助金を出してくれたりする自治体もあります。

自治体の中には、思ってもみないような補助金を用意しているところもあります。

たとえば、静岡県の藤枝市では、浄化槽の設置、生ゴミ処理機の購入、飼い猫の飼育

などに補助金を出しています。

どういう補助金、助成金があるかは、各自治体のホームページに掲載されていますので、ぜひ一度、チェックしてみましょう。もちろん市役所に問い合わせても教えてくれます。

残念ながら補助金は各自治体によってばらつきがあります。

補助金が非常に充実した自治体もあれば、ほとんど何もない自治体もあります。補助金の充実度は、自治体の財政状況や行政の姿勢に左右されます。

だから住む場所を選ぶとき、自治体の行っている支援金などをチェックしておくべきなのです。

将来、生活保護を受けようと思っている人は金持ち自治体に住もう

本書を読んでいる方の中には、将来の年金があまり見込めず、生活保護を受けようと思っている人もいるかもしれません。

そういう方は住む場所についてはよくよく検討をしておいていただきたいと思ってい

ます。

というのも、**生活保護の内容は自治体によって、若干、違う**からです。

生活保護費の計算自体は、国が定めた基準通りに支払われますが、その他の臨時的に支払われるものや、交通機関のサービス券などが違うのです。

たとえば、臨時的に支払われる生活保護費に、「家事什器《じゅうき》費」というものがあります。これは調理器具、家具などが必要なときに、その購入費用が支給されるものです。生活保護の受給者が、「冷蔵庫がないから買いたい」と申請し、認められれば最大3万9700円が支給されるのです。

この「家事什器」に含まれる範囲が自治体によって違うのです。

冷蔵庫が認められる自治体もあれば、認められない自治体もあります。洗濯機もしかりです。冷蔵庫が認められない地域に住んでいる人は、食材を長期間保存できないので、食べきれるものをその都度買わなくてはなりません（家事什器費が支給されない場合でも、モノによっては通常の生活保護費から自分で捻出するならば購入できる場合もあります）。

また洗濯機が認められていない自治体に住んでいる人は、手で洗濯するか、コインランドリーを使わなければなりません。

また所有していいもの、悪いものなども自治体や地域によって変わってきます。

たとえば、自動車やバイクの所有は原則として禁止されていますが、交通の便が悪い地域などは、認められているケースもあります。

一概には言えませんが、金持ち自治体のほうが生活保護の規則は緩く、什器費などの支給頻度も高いようです。逆に貧乏な自治体は、生活保護費をなかなか支給してくれないなどの傾向があります。

国民健康保険料に要注意

また**自治体の違いで一番大きいのが、「国民健康保険料」**です。生活保護を受給してしまえば、国民健康保険は免除されますが、まだ受給までにはいたっていないという人には、国民健康保険料は大きな負担となります。

そして国民健康保険料は、地域によって全然違ってくるのです。

会社を辞めれば、社会保険料も自分で払わなくてはなりません。これはけっこう面倒なものです。

普通のサラリーマンの方は、自分がどんな社会保険に入らなければならないかも知らない人が多いはずです。しかも、それを外部からはなかなか教えてくれません。会社を辞めたからといって、市役所から「あなたはこの社会保険に入らなくてはなりません」などという通知が来るわけではないのです。だから、自分で勉強するしかありません。

社会保険には、大きく分けて二つあります。

健康保険と年金です。

まず健康保険からご説明しましょう。

会社にいるときは、会社が「健康保険」に入っていたはずです。しかし、会社を辞めて、ほかの会社に就職しない場合は、「国民健康保険」に入らなくてはならないのです。

「健康保険」というのは、企業に勤めている人が入る健康保険です。一方、「国民健康保険」というのは、企業に勤めておらず、自分で社会保険に加入する人が入る健康保険のことです。

会社をやめて再就職しなかったり、フリーターになったりすれば、あなたもこの「国民健康保険」に入らなくてはなりません。

この国民健康保険料が、地域によってまったく違ってくるのです。

「国民健康保険は国がつくっている制度なんだから、地域でそんなに変わらないのではないか？」

と思う人もいるかもしれません。

筆者もサラリーマン時代はそう思っていました。しかし実際には、国民健康保険料の算出方法は自治体によってまったく異なるのです。それも、年間数百円とか数千円の違いではなく、数万円や下手をすると数十万円もの違いが出てくるのです。

しかも、単に高い安いだけではなく、家族構成によっても金額が変わってきたりします。

だから、国民健康保険に加入しなくてはならない人は、各自治体の国民健康保険料をよくよく確認しておいたほうがいいでしょう。

ケチな私がなぜ年金に入っているのか？

自分で言うのもなんですが、筆者は非常にケチです。

収入の変動が激しいフリーランスの習性で、大きなお金はなかなか使うことができません。何をするにも「なるべくお金がかからないように」ということばかり考えています。

そういう筆者でも、年金にはきちんと入っています。

筆者は、「自分は立派に社会的義務を果たしているんだ」と自慢したいわけではありません。

筆者が年金に入っているのは、非常に利己的な理由です。つまりは**年金に入っていれば、得をする**からなのです。

最近よくこういうことが言われます。

「今の現役世代は、年金に入っても損するだけ」

「受給できるお金は掛け金より少ない」

こういう主張というのは、年金の性質を見誤っていると思われます。

年金を金融商品として見た場合、最大のメリットは「何年生きていても死ぬまでは決まった額がもらえる」という点です。

人間、何年生きるかわかりません。

１００歳以上生きる人もいれば、50歳で死ぬ人もいます。

何歳まで生きるかわからない、ということは、「老後の資金がいくら必要かもわからない」ということなのです。

平均寿命が80歳だからといって、80歳までの資金を用意していれば大丈夫ということではありません。もし、80歳までのお金しか準備しておらず、90歳まで生きたとしたら、残り10年間はどうやって暮らしますか？

つまり、老後というのは非常に不確定なのです。

その不確定要素を排除してくれるのが、年金なのです。

年金は死ぬまではもらえます。

「あなたはいくらしか掛けていないので、80歳までしかもらえません」

というようなことはないのです。

この安心感というのは、莫大な経済的メリットがあると言えます。

「死ぬまで保証する年金」を民間でつくろうとしたら、今の年金よりもずっと高い掛け金を払わなければならないのです。

平均寿命で計算した場合、確かに、年金は受給できる金額よりも掛け金のほうが上回る可能性があります。でもそれは平均寿命を基準にした単純な金額の比較に過ぎません。年金というのは、そんな単純な金額の多寡のためにあるのではありません。年金は貯金ではないのです。

「いつまで生きるかわからない」

「いくらかかるかわからない」

その不安要素を取り除いてくれる、「保険」なのです。

その「保険」としての価値をまったく見ずに、単なる「貯金」として年金を見ている人の多いこと。

年金というのは、金融商品として、凄いコストパフォーマンスを持っているのです。そもそも年金には、莫大な税金が投入されているのです。つまり、年金というのは、自分の掛け金に税金がプラスアルファされて、戻ってくるわけなのです。だから、このような凄いコストパフォーマンスを持っているのです。

ケチな筆者がきちんと年金に加入している理由がおわかりいただけたでしょうか？

年金は〝最高の金融商品〟

昨今は、底の浅い週刊誌ネタに踊らされて、年金に入っていない若者も多いようです。しかし年金に入らないのは、大馬鹿野郎といえます。

考えてもみてください。

年金に入らないで、貯金だけで老後を暮らそうと思えばいくらかかると思いますか？頑張って節約しても、年に２００万円くらいはかかります。60歳から老後に入り、平均寿命まで生きるとしても、４０００万円用意しないとならないのです。しかも平均寿命で死ぬとは限らないので、10年分くらい余裕を持たせて用意しなければなりません。つまり最低でも５０００万円は用意しないとならないことになります。

また５０００万円を用意していても、90歳以上まで生きたときのことを考えると、まだ不安です。だから、毎日毎日、お金の不安を持ちながら、節約をしながら老後を過ごさなくてはなりません。

その不安を解消してくれるのが年金なのです。年金に入っていれば、とりあえず死ぬまではもらえます。貯金のように〝減っていく不安〟を感じなくていいのです。

しかも、年金というのは、生命保険としても最高のパフォーマンスを持っています。

もし年金に入っている人が年金受給前に死亡し、扶養家族などが残された場合、遺族は年金の最高額を毎年もらうことができるのです。

配偶者がいた場合は「配偶者が自分の年金をもらえるようになる」まで、幼少の子供がいた場合は、「成人する」まで、です。

つまり、年金に入っていれば、自分の老後の生活をカバーできると同時に、自分が早く死んだときの遺族への保障にもなるわけです。

年金問題をとり上げる週刊誌などは、年金のこのようなメリット部分は、ほとんど語りません。

確かに現在の日本の年金制度というのは、大きな欠陥を抱えています。

だからといって「入らない」のは、愚の骨頂です。

あなたは材質が悪いからと言って命綱をつけないで高層ビルの窓ふきをしますか？

材質が悪くても、とりあえず命を守ってくれる綱をつけるでしょう？

それと同じことです。

年金の欠陥は、早急に修正すべきです。

しかし修正されるまで、年金に入らないなどと思っていては、自分が損するだけです。

くれぐれも浅はかな週刊誌ネタに踊らされるようなことはしないでください。彼らは責任をとってくれないのです。

年金制度には減免制度もある

年金制度には、減免制度もあります。

だから、もし年金の保険料を払う余裕がなければ、支払い免除（減額）の申請をすればいいのです。

この申請をしなければ保険料が未納となり、年金を受け取る資格がなくなってしまう可能性もあります。

免除には、全額免除と一部免除があります。

全額免除を受けた場合、年金の受給額は、保険料を全額納付した場合の年金額の２分の１になりますが、言い換えればまったく納付せずに年金の半額をもらえるのです。これを申請しない手はないといえます。

もちろん、全額免除されるためには、所得の基準があります。

サラリーマンやフリーターの場合は、年間収入が132万円（所得67万円）です。奥さんがいる場合は167万円（所得102万円）、奥さんと子供一人の場合は202万円（所得137万円）です。

だから奥さんと子供が一人いれば、200万円の年収があっても全額免除が受けられるというわけです。

また掛け金の一部が免除になる「一部納付」の場合は、「全額免除」よりも所得基準が緩《ゆる》やかになります。

一部納付は3種類あります。納付額と年金受給額は表10の通りです。

また一部納付の収入基準は表11のようになっています（サラリーマン、フリーターの場合）。

独身だと、4分の1納付での受給額は、だいたい140万円以下、2分の1納付でだいたい180万円以下、4分の3納付でだいたい220万円以下ということになります。

夫婦の場合は、それに38万円上乗せされるので、4分の1納付でだいたい190万円以下、2分の1納付でだいたい230万円以下、4分の3納付でだいたい270万円以下ということになります。

表10　一部納付の場合の年金受給額

４分の１納付（保険料額 4,250 円）

年金額 5/8　※平成 21 年３月分までは 1/2

２分の１納付（保険料額 8,490 円）

年金額 6/8　※平成 21 年３月分までは 2/3

４分の３納付（保険料額 12,740 円）

年金額 7/8　※平成 21 年３月分までは 5/6

表11　一部納付の収入基準（給与所得者・フリーター・派遣社員の場合）

４分の１納付　143 万円＋社会保険料控除額等
（配偶者、子供が一人増えるごとに 38 万円のプラス）

２分の１納付　183 万円＋社会保険料控除額等
（配偶者、子供が一人増えるごとに 38 万円のプラス）

４分の３納付　223 万円＋社会保険料控除額等
（配偶者、子供が一人増えるごとに 38 万円のプラス）

詳しい計算は、日本年金機構に問い合わせてください。

職業訓練校に入れば失業手当の支給期間が延びる

雇用保険というのは、最大でも1年と少ししかもらうことができません。これでは、40代以上の人にとっては、あまり役に立ちません。40代以上の人は、そう簡単に再就職できないからです。

ここでは、雇用保険の受給期間を延ばす方法を一つご紹介します。それは職業訓練校を使うことです。

職業訓練校というのは、就職のための技術を身につける学校のことです。ここに入学することで、雇用保険の受給期間が延長されるのです。

入学時期はおおむね4月か10月で、授業料はほとんど無料です。学校によっては基本給付のほかに様々な給付がつくこともあります。訓練期間は3カ月から2年くらい。業種はOA、CAD製図、ホームヘルパー養成、医療事務、ビル設備サービスなど多様です。

雇用保険の給付が切れる直前に訓練学校に入学すれば、うまくすれば3年近く、雇用保険が受けられることになります。

雇用保険をもらいながら無料で学校に行って、手に職もつけられる、というのだから、これを使わない手はありません。

ただし職業訓練校には入学試験があって、競争率もかなり高いのです。

会社を辞めようと思っているような人、会社の早期退職制度に応募しようと思っているような人は、職業訓練校をまず調べてから、身の振り方を考えたほうがいいかもしれません。

公的機関からお金を借りる方法

人生の中ではどうしてもお金が足りなくなって借りなくてはならないような状況も生まれてきます。

筆者は「借金をする前に生活保護を受けよう」と前述しましたが、「一定の収入はあるけれど一時的にお金が足りないだけの場合」は、借金をしたほうがいいこともあります。

そういう場合、まず優先すべきは公的金融機関からの借り入れです。

一般の人は公的機関からはお金は借りられないと思っていたり、サラリーマン向けの公的金融機関を知らなかったりすることが多いようです。サラリーマンにお金を貸してくれる公的機関は住宅ローンのフラット35しか思い浮かばない人も多いのではないでしょうか？

でもサラリーマンでもお金を貸してくれる公的機関はかなりあるのです。

公的機関の特徴はなんと言っても利息が安いことです。

そして公的機関は要件さえ満たしていれば、妙な信用調査などは行いません。一般の人がお金を借りようと思ったら、まずは公的機関に行くべきでしょう。

次に使い勝手のよい公的機関を紹介していきましょう。

まずはじめに**労働金庫**から。

労働金庫というのは、一般にはあまり知られていませんが「労働者のために」つくられた金融機関です。そして労働金庫は非営利なので、銀行のように、収益を出さなくてもいいのです。

つまり、利息も低く、借り入れ条件も優しいのです。

労働金庫の場合、借り入れ目的は車、住宅、冠婚葬祭から、フリーローン（事業資金、投機以外なら、ほぼ何に使ってもいい）まであります。

利息はフリーローンの固定金利で7％前後、変動金利で6％前後（令和6年12月現在）となっており、消費者金融などとは比べものにならないくらい低いのです。

車購入や教育費用などになるとさらに利息は低くなります。

これらのローンはサラリーマンならば、ほぼだれでも利用できます。

原則保証人もいりません。借り入れ金額も最高500万円となっています。まさにサラリーマンのための金融機関といっても過言ではありません。

この金利の安さは、利用しない手はありません。

ただし労働金庫は、非営利組織であるだけに、商売にガツガツしていません。つまり、対応は遅いということです。

あらかじめ申し込みをしておいてフリーローンの口座をつくっておけば、いざというときに便利です。

国から教育費を借りよう

子供の進学でお金が必要になった、という話はだれもがよく耳にするでしょうし、読者の皆さんの中には、現時点ですでにこの問題に直面なさっている方もおられるのではないでしょうか。

では実際に、子供の教育費のためにローンを組むならどこ？　と考えたとき、日本政策金融公庫が最適と解答が導けます。

日本政策金融公庫の教育ローンは、教育ローンの決定版と言えるでしょう。

日本政策金融公庫とは、簡単に言えば国民生活の向上を目的とした、金融機関です。通常は事業者向けの融資を行っていますが、教育ローンも事業の大きな柱になっています。

日本政策金融公庫の融資は年収の条件などはありますが、一般家庭ではほぼ条件をクリアしています。詳細な条件はホームページなどで確認してみてください。

教育ローンの使途は、学校納付金（入学金、授業料、施設設備費など）受験にかかった費用（受験料、受験時の交通費・宿泊費など）、進学の住居にかかる費用（アパート・マンションの敷金・家賃など）学習塾費、教科書代、教材費、パソコン購入費、通学費用、学生の国民年金保険料などです。教育にかかる費用のほぼ全般はカバーしています。

借入限度額は３５０万円で、利息は固定で年２・３５％（令和6年12月現在）です。母子家庭、父子家庭などは１・９５％です。

返済期間は最長18年で、在学中は利息だけを払う「据え置き」にすることもできます。ですから、在学中に利息だけを払ってやって、返済は子供が就職してからさせる、ということも可能なのです。

日本学生支援機構ＪＡＳＳＯとの併用も可能です。

日本政策金融公庫の全国１５２の支店で取り扱っているほか、銀行や借用金庫、信用組合でも取り扱っています。ローンの申し込みは、1年中いつでも行われています。

日本政策金融公庫ホームページ
https://www.jfc.go.jp/

あなたが知らない好条件の融資制度

何度か述べましたが公的機関というのは、かなり融資制度をつくっています。

しかしながら公的機関は営利ではないので、営業をしたり、宣伝をしたりということをしません。だから、ほとんど知られないままになっている公的な融資制度がたくさんあるのです。

その一つに、自治体が行っている「**中小企業従業員生活資金融資制度**」があります。

中小企業というのは、大企業に比べて福利厚生の面で恵まれていないことが多いものです。大企業ならば、会社内で低利の融資などを受けられることもありますが、中小企業の場合はなかなかそうもいきません。

それを補うために、中小企業のサラリーマンにも、低利でお金が借りられる制度、「中小企業従業員生活資金融資制度」があるのです。

これは都道府県、市町村がつくっている制度で、各都道府県、各市町村によって、概要はまちまち（この制度がないところもあります）です。

たとえば東京都では、生活資金の融資が最高１３０万円で、利率は１・６％（令和６年12月現在）。返済は元利均等月賦で、返済期間は３年以内（70万円以上は５年）となっています。

これも普通の融資と比べれば、非常に有利です。

中小企業の従業員の方は、使わない手はないといえるでしょう。

あなたのところの自治体にも、この制度があるかもしれません。お住まい、もしくは勤務先の都道府県、市町村の中小企業担当に問い合わせてみてください。

ヨガ、エアロビクス、水泳教室……格安の公営施設を使い尽くせ

生活が苦しくなると、どうしても「節約」という方向に行きがちです。

もちろん、それも大事ですが、何か楽しみがないと息が詰まってしまいます。

そのためのヒントをいくつかご紹介したいと思います。

お金を使わずに生活を快適にするポイントとして、まずは公的機関を使い尽くすということです。

昨今、公的機関では、住民にさまざまな娯楽サービスを提供しています。たとえば、スポーツジムに通いたいけれど、お金が心配と思っている人も多いはずです。実際、スポーツジムというと、入会金や月会費が高いものです。それを考えると、なかなか入会に踏み切れない、という人も多いのではないでしょうか?

しかし、ほとんどの自治体では、スポーツジムを持っています。どこの市区町村にも、一個くらいは公営のスポーツセンターがあるのです。そこには、だいたい温水プールやスポーツジムが併設されています。

「自治体のスポーツジムなんて、たかが知れている」

と思う人もいるかもしれません。が、決してそんなことはありません。今の自治体の施設は、民間のスポーツジムと変わらないくらい充実しています。ランニング機器や、各種の筋力トレーニング機器をはじめ、エアロビクスやヨガ教室まで行っているところもあります。

たとえば、東京都の目黒区では、3カ所のトレーニングセンターがあり、それぞれでストレッチ教室、エクササイズ教室などのプログラムが行われています。入場料は300円です。

たいがいの自治体では、スポーツセンターの入場料は、３００～５００円程度となっています。民間のスポーツジムの場合は、入会しても行かなくなって年会費を損したという話もよくありますが、自治体のスポーツジムの場合は、１回いくらで決められているので、行かなくて損をするというようなこともないのです。

もちろん、更衣室やシャワーも完備しています。中には、シャワーだけではなく、風呂がついているところもあります。

お金を使わない生活では、まずこういう自治体の施設を徹底的に活用することです。

ネット、本、マンガ、雑誌を無料で見る方法

前項では、自治体のスポーツジムのことを紹介しましたが、文化系の娯楽についても同様のことが言えます。

本や漫画、ＣＤ、ＤＶＤなども、無料で見ることができるのです。

それは**図書館**を使うことです。

「なんだそんなことか……今さら、図書館なんて」

と思う人もいるかもしれません。しかし、最近の図書館は充実したソフト、素晴らしい設備を備えたところばかりなのです。

図書館は、まず大手新聞各紙が揃っています。もちろん日本経済新聞もあります。少し大きな図書館ではスポーツ新聞まであります。だから、図書館に行けば、新聞はほとんど読むことができるのです。

昨今の図書館は、ギシギシする机に固いイスではありません。ソファが備え付けられたり、畳の部屋があったりもします。

そして、視聴覚施設が非常に充実しています。ほとんどの図書館には、ＣＤやＤＶＤが置いてあるのです。それを視聴できるコーナーもあります。

ＤＶＤは、最新のソフトとまでは行きませんが、昔の名作などは揃っています。２週間くらいは借りられるので、余裕をもって観ることができます。レンタルビデオ店と違うところは、アダルト関係が置いてないことくらいです。

本や視聴覚ソフトが少ない図書館でも、だいたいの図書館は、市内（区内）や隣接都市の図書館と提携していて、注文すれば取り寄せてくれます。だから、田舎の図書館でも都心部の図書館と同じライブラリーがあるのと同じなのです。

そして図書館では、「リクエスト」という制度があります。

これは図書館にない本でも、リクエストすれば購入してくれるというものです。その図書館の予算にもよりますが、かなりリクエストにはこたえてくれます。読みたかった新刊本や、高くて手を出せなかった高額本をぜひリクエストしてみましょう。

また昨今の図書館は、インターネットを使えるところも増えていますし、ほとんどの図書館で、ＷｉＦｉは完備しています。ネットをあまり見ない人などは、図書館で十分であり、家庭のネット代も節約できます。

バンド、英会話だって税金でできる

前項では、昨今の図書館が充実していることを述べましたが、充実しているのは図書館だけではありません。近頃の自治体は、様々な施設が本当に充実しています。

市区町村の広報やホームページを見てみてください。

また市区町村に限らず、都道府県や国などが運営するものもたくさんあります。そういう施設は、利用者があまり多くなく、使い勝手が非常にいいことが多いのです。

最近では、音楽スタジオや文化教室などの施設を持つ自治体も増えています。

音楽スタジオなどは、民間のものの何分の一かの費用で済みます。機材は、アマチュアのスタジオとしては申し分ないものです。若いころ、音楽をかじっていたけれど、忙しさにかまけていつの間にかやめてしまった、というような人も多いでしょう。そういう人にとって、定年退職は昔の趣味を再開するちょうどいい機会かもしれません。

娯楽だけではなく、習い事なども、公営のものが多々あります。もちろん民間のものよりも、かなり格安です。しかも一流の講師陣による講座を受講できたりするのです。

公的な施設で習い事をする方法はいくつかありますが、まず第一に挙げられるのは大学の公開講座を利用するものです。

最近の大学では、社会人向けや生涯学習向けの講座を充実させているところが多いのです。英会話、中国語などの語学講座、歴史や古典文学の研究、資格取得のための勉強会や時事問題の研究、民族楽器の演奏方法まで多岐にわたっています。

しかも講師陣は、教授や准教授などその道の超一流者ばかりです。なかにはその世界では、日本を代表するような著名な教授が、講座を持っていることもあります。

講座の人数は、だいたい20～30人くらいがほとんどで、学校のクラスより少ない感じです。

講座回数は、４、５回から数十回までありますが、普通の語学学校などに行くよりははるかに低額で受講できます。

大学には（私立であっても）たくさんの税金が使われています。もちろん社会人講座にも直接的、間接的に税金が使われています。だから受講料が安く済んでいるのです。また昨今では、大学だけではなく、自治体が主体となって社会人向けの講座をつくっているケースも増えています。いわゆる「市民大学」です。こういうところは、大学よりもさらに格安で習い事をすることができます。

これらの情報は、市町村の広報やネットを見ればすぐにわかります。また自治体に直接問い合わせてもすぐに教えてくれます。

ぜひ利用したいものです。

第5章 困窮する前にすべきこと

会社は不用意にやめるべきではない

何度も言いますが困窮した際には、生活保護を受給するべきです。しかしながら、困窮しないための策も打っておくべきでしょう。

特に昨今では、昨日まで普通に生活をしていた人が、急に困窮するというようなこともよくあります。それを防ぐためには、日頃からある程度の対策を練っておく必要があります。

「普通の人の生活が一変する」

「普通の人が突然困窮する」

という大きな要因の一つにリストラがあります。

昨今のサラリーマンで、一番気がかりなことはリストラではないでしょうか？

最近では、かなり名の知れた会社でも、バンバン、リストラを行っています。いつリストラされるかわからない、そんな気持ちで毎日暮らしていくのはたまったものではありません。

サラリーマンがリストラされればほとんどの場合、経済生活は一変します。困窮して自殺してしまう人も少なからずいます。

サラリーマンが困窮の予防をするために、最初に考えなくてはならないのは、リストラ対策だと言えます。

多くのサラリーマンは、「自分はリストラされない」と思っているようです。しかし、現実はそうではありません。リストラされた人のほとんども「自分はリストラされない」と思っていたのです。

多くのサラリーマンは、リストラされたり、退職勧奨《たいしょくかんしょう》をされたりしたときの準備をしていません。そのため、いざ会社のリストラがはじまると対処法がわからずに簡単にリストラされたりするのです。

またサラリーマンの中には、退職勧奨されたときに「こんな会社やめてやる」と短気を起こしてすぐに応じてしまう人もいます。しかしながら、これは絶対にやってはならないことです。会社をやめてすぐに次の働き口が見つかるのならばそれでもいいでしょうが、現実はそうではありません。

再就職できても、ほとんどの場合、もとの会社よりも給料は下がります。７割程度もられれば上出来の部類であり、半分以下になることも普通にあります。というより、再就職自体ができないことも非常に多いのです。特に40歳を超えた人には再就職は非常に難しくなります。

自分は仕事ができると思っていても、目に見える資格などがない限り、外部の人はそれを客観的には評価してくれません。

再就職で成功するケースというのは、リストラされる前にコネクションなどを使ったりして準備をしていた人ばかりなのです。

だから会社をやめるための準備がまったくできていない人が、不用意に会社をやめるべきではないのです。

リストラに関する法律を知っておこう

まずリストラに関する条件、法律などを知っておくべきだと思われます。

実はリストラというのは、サラリーマンが思っているほど簡単にできるものではないのです。

「会社はできる限り雇用を守らなければならない」

という建前があるので、少々業績が傾いたりしただけで、リストラすることはできないのです。

またいざリストラするとなっても、企業が簡単にリストラできないよう、サラリーマンにはかなり大きな権利があります。

そういうことをサラリーマンの方々はあまり知りませんよね？

サラリーマンが、そういうことに疎《うと》いことをいいことに、会社がイカサマ的なリストラを行うことも非常に多いのです。

リストラで酷い目にあった人のことを調べていると、サラリーマンがもっときちんとした知識を持ち、毅然《きぜん》とした態度を取っていれば防げたようなケースが多いのです。

正しい知識を持っていればエイズは恐くないのと同じように、リストラもそれほど恐れるものではないのです

多くのサラリーマンは、自分の持っている権利をまともには知らないし、いわんやその権利の使い方をまったく知らないと言ってもいいでしょう。自分の権利をきちんと把握していればそうそう酷い目にあうことはないのです。

サラリーマンは、まずリストラとは何なのか？　リストラに際してどういう対応をするべきなのか、ということを知る必要があるのです。

サラリーマンというのは、日々の業務に忙しくて、「自分の権利」や「いざというときの会社との戦い方」などは、なかなか知りえないものです。

なので、本章では、リストラに際しての対処法をご紹介していきたいと思います。

おとなしく言うことを聞く人がリストラされる

「リストラの対処法」をご紹介していくにあたって、まずはどんな人がリストラされやすいか？　ということを述べたいと思います。

サラリーマンの方々も、それがまず一番知りたいことでしょう。

「リストラに遭う人」

というのは会社の状況によってケースバイケースなので、一概には言えません。が、ただ大雑把な傾向はあります。

最もリストラされやすいのは、「おとなしく言うことを聞きそうな人」なのです。

これは、リストラする側から見れば、すぐにわかることです。

というのも、リストラをする側、つまり会社も、リストラをするときというのは、非常に切羽詰まっているのです。大局的に考える余裕はありません。

だから手っ取り早く、穏当にリストラすることを第一に考えているのです。

リストラを実行する人というのは、その部署の長などです。

「君の部署で●●名、切ってくれ」などと言われているわけです。

リストラする側としても、スムーズにリストラを実行しないと、自分が首を切られる側になりかねないのです。

「どうやったらスムーズにリストラできるか」

というと、なるべく文句を言いそうにない人をターゲットにするわけです。

抵抗するような人をターゲットにしてしまうと、リストラが長引いたり、揉め事になったりする可能性があります。

リストラをする側としては、なんとしてもそれは避けたいわけです。

よくビジネス書などでは、「会社の戦力にならない人がターゲットにされる」などと書かれていますが、あれはデタラメです。

戦力になるかどうかの判断というのは、非常に難しいのです。

仕事の成果が単純な数字で表れる職種などならばあり得ますが、そうでないならば、だれが本当の戦力になっているのか、などということはなかなか把握しづらいものです。

また会社側もリストラのときには、だれに本当に力があり、だれには力がない、などと冷静に分析する余裕はないのです。

日本の会社で合理的で客観的な人事評価を行っているところは、まだまだ少ないのです。

そのため、もし会社が整理解雇をしても、解雇された人が裁判を起こし、自分が解雇者に選定された理由を争った場合、会社に不利な判決が出る可能性が極めて高いのです。なので、切りやすい人を切る、ということになるわけです。

その辺を踏まえ、サラリーマンというのは会社や上司になめられないようにしないといけないのです。

日ごろは真面目に仕事をしていても、「いざとなると、こいつは戦うかもしれない」ということを、上司や会社に感じさせておくべきなのです。

会社の言う事をなんでもおとなしく聞いてしまうサラリーマンというのは損をするの

です。

本当はそう簡単にリストラなんてできない

この章の冒頭で、本来はリストラなんてそう簡単にできるものではない、と述べました。では、リストラとは、法的にはどのような扱いになっているのか、ここで簡単に説明したいと思います。

会社が、社員を解雇する場合には、３つの方法しかありません。

「普通解雇」
「整理解雇」
「懲戒解雇」

です。

しかも、この３つとも非常にハードルが高いのです。

この3つの解雇を順にご説明しましょう。

●普通解雇

普通解雇というのは、会社の就業規則などに違反した場合や仕事の能力が満たない場合に行われる解雇です。

この普通解雇において仕事の能力不足の基準はあいまいですが、客観的にその事実が立証できなければ、解雇できないことになっています。

普通解雇の条件は基本的には以下のようなものがあげられています。

①疾病やけがなどによって仕事ができなかったり作業能力が低下したりした場合（ただし、回復の見込みのある場合は一定期間休職として職場復帰の機会を与える義務がある）
②業務遂行に必要な平均的職務能力がないという根拠を示さなければならない（少々他の社員より営業成績が悪いくらいでは認められない）。
③職務怠慢や職務不適格（無断欠勤や勤務態度不良、組織としての行動ができず、協調

性に欠ける場合などであるが、これも合理的で客観的な証拠が必要である。上司とそりが合わないことなどでは認められない）

また前記3点の解雇要件を満たしていたとしても、社会的な常識に照らし合わせて会社側から無理な要求があった場合は解雇できない解雇権濫用の禁止というものもあります。

解雇権濫用の禁止というのは、昭和50年4月25日のいわゆる「日本食塩製造事件」での最高裁の判例により確立したものです。判例では、次のように述べられています。

「使用者の解雇権の行使も、それが客観的に合理的な理由を欠き社会通念上相当として是認することができない場合には、権利の濫用として無効になると解するのが相当である」

簡単に言えば、世間一般の常識に照らし合わせて、無理な解雇はできませんよ、ということです。

●整理解雇

整理解雇というのは、会社の業績が悪化して、人員を削減しなければならなくなったような場合です。

いわゆる「リストラによる解雇」というのは、この「整理解雇」のことです。

しかしこの「整理解雇」というものは、一定の要件を満たしていないとできないことになっていて、その要件もかなり厳しいのです。

これまでの判例で、整理解雇には次の4つの要件を満たすことが必要ということになっています。

①どうしても解雇しなければならないほどの経営状態にあるか
②解雇を回避するために、会社はあらゆる努力をしたか
③解雇される人の人選と、その適用基準が合理的であるか
④働いている人や労働組合と事前に協議を尽くすなど、解雇に至る手続きに合理性があるか

これらの要件を具体的に言うと
★２期連続で大きな赤字がある
★社長や役員の報酬カットがされている
★新入社員を採用していない
★希望退職を募っている
となります。

よくリストラという言葉を使って、整理解雇が行われることが多いのですが、本来整理解雇というのはこのように、複雑な手続きを必要とするのです。

日本の法律では、人員削減というのは、会社にとってあらゆる手段を講じても業績が回復しないときの最終手段でしか認められていないのです。

●懲戒解雇

懲戒解雇というのは、法律を犯したり、会社の名誉を傷つけたりする行為を行うなどで、懲罰的に解雇させられることです。

要件としては、次のようになっています。

①社内で窃盗横領、傷害など刑法犯に該当する行為があった場合

②社外で行われたこれらの行為であっても、会社の名誉、信用を著しく失墜させるもの、取引関係に悪影響を与えるもの、または労使間の信頼関係を失うものである場合

③社内で賭博や風紀を乱すなどで、職場規律を乱し、他の社員に悪影響を及ぼした場合

④社外で行われた「③」の行為であっても、会社の名誉、信用を著しく失墜させるもの、取引関係に悪影響を与える。または労使間の信頼関係を失わせるものである場合

⑤雇入れの際の採用条件の要素となるような経歴を詐称した場合

⑥雇入れの際、使用者の行う調査に対し、不採用の原因となるような経歴を詐称した場合。

⑦他の事業に転職した場合

⑧原則として2週間以上無断で欠勤し、出勤の督促にも応じない場合

⑨出勤が不良で、数回にわたって注意を受けても改めない場合

つまりは懲戒解雇というものは刑法に触れる行為など明らかに会社員としてふさわしくないというときにのみ適用されるものです。仕事に失敗したくらいでは、対象にならないのです。

法を犯すような行為や、新聞沙汰になるような行為をしていない限り、まず懲戒解雇をするのは難しいといえます。だから、あなたが何か犯罪的なことをしていない限り、懲戒解雇になる心配はないのです。

〝肩たたき〟には絶対に応じてはならない

リストラといっても、先ほども言いましたように〝正規の解雇〟というのは、なかなかできるものではありません。

なので、リストラをしようとする会社がまず最初に考えるのは、内々に社員に辞めてもらう、ということです。いわゆる〝肩たたき〟というやつです。

もし、あなたがこの肩たたきをされた場合、まず確実に言えることがあります。

それは、**絶対に受けてはいけない**、ということです。

会社から、〝肩たたき〟をされたとき、ほとんどのサラリーマンは「自分は会社に必要ないのか」と落ち込んでしまいます。それは、人の感情として無理のないことでしょう。

しかし、まず冷静になってください。

リストラをしようとするときの会社というのは、人の能力、性質を完璧に見極めているわけではありません。だから、退職の打診をされたからと言って、あなたが劣っているわけでも、必要のない人間でもないのです。

ただ単に人事担当者が「辞めさせやすい人」を辞めさせようとしているに過ぎないのです。そして、今後の人生のことを考えるなら、自分を否定して落ち込んでしまう、ということは、もっとも損な行為なのです。

今、しなければならないのは、会社の出方を冷静に見て、自分はどう行動すれば、もっとも得になるのか、ということを分析することです。

それを考えたとき、まず絶対してはならないことは、〝すぐに退職を承諾してしまうこと〟です。

この不況下で、何の準備もなく会社を辞めることは、絶対によろしくありません。だから、まずは会社に残ることを第一に考えるべきです。

ただ肩たたきをされるケースというのは様々で、状況的に辞めざるをえないケースもあります。でもその場合でも、簡単に承諾するのと、なかなか承諾しないのとでは、退職の条件がまったく違ってきます。

肩たたきをされたときに、まずしなければならないことは、〝退職を承諾しないこと〟〝自分にとってどうすることが一番いいのか時間をかけて冷静に考えること〟なのです。

〝肩たたき〟を払いのけろ！

前項では、〝肩たたき〟を承諾してはならない、ということを述べました。

この〝肩たたきを承諾しない〟ということには、少しばかりテクニックがいります。というのも、曖昧な返事をすると、「退職を承諾したものとして処理されることもある」からです。肩たたきをされたとき、まずしなければならないことは次の通りです。

①すぐに自分に退職の意思がないことを、たくさんの人がいる場所で公言すること

②会社から受けた退職勧奨の経緯をなるべく詳細に記録すること。だれがいつどこでど

ういうことを言ったのか、など

会社から退職勧奨を受けた場合、まずきっちりそれを断っておく必要があります。そのまま黙っておくと「暗黙のうちに了解した」と取られる場合もあるからです。

この場合、人前で「私は退職はしません」とは、なかなか言いづらいかもしれません。また、口頭で断っただけでは本格的な争いになった場合「そんなことは聞いていない」と逃げられるおそれもあるので、文書を使うのがもっともよいでしょう。

ただ文書にして手渡しただけでは、「もらっていない」と言うような姑息な会社もあるので、内容証明郵便を使うのが好ましいといえます。

また上司や人事部などに、メールで退職をしない旨を送っておくという方法もあります。

メールであれば手っ取り早いし、サーバーに記録が残るので、証拠としても十分といえます。会社から消されるおそれもあるので、一応、メールの記録は自分でも保管しておきましょう。

会社の肩たたきに反撃する方法

肩たたきを拒否した場合、会社は退職に追い込むため、執拗な勧奨や嫌がらせをすることもあります。

そんなとき、普通だったら「こんな会社辞めてやる！」と思うはずです。でも、それは得策ではありません。

辞める決心をしたのなら、辞めるのでもいいのです。でも**どうせ辞めるのなら、なるべく多くのものをもらうほうがいい**はずです。〝こんな会社〟と思うほど嫌な会社ならば、なるべく多くのものを分捕ることを考えましょう。

執拗な退職勧奨や嫌がらせ、というのは、本来はしてはならないことです。だから、その行為をきちんと証拠として残しておけば、将来の条件交渉などの場合に有利になります。

つまり執拗な退職勧奨や嫌がらせを受けた場合は、それを記録に残すことがもっとも大事なことになります。

どこかに相談するにしても、労働基準監督署に処理を依頼するにしても、組合を使って交渉するにしろ、裁判を起こすにしろ、どれだけ詳細な信憑性のある記録が残っているかが重要になります。

会社は表向き「退職勧奨などしてない」という立場を取っていることが多いものです。辞めるつもりのない社員に対して、執拗な退職勧奨をすれば、それだけで本格的な争いになった場合は会社側に不利になるからです。

だから上司が確かに「辞めてほしい」と言ったとしても、いざとなったら「そんなことは言ってない」と言うような場合も多々あるのです。

それを防ぐために、会社からの退職勧奨はきっちり記録に残す必要があるのです。

記録に残す方法は、具体的には次の通りです。

（1）メモに残す

会社とのトラブルを記録する場合、まず手っ取り早いのは、メモに残すということです。本格的な争いになった場合、証拠能力が必要になります。メモや日記などは、裁判では重要な傍証になりうるのです。

（2）会話を録音する

会社に「そんなことは言ってない」と言わせないためには、会社側の発言を録音しておくのが、もっともよいといえます。録音は、相手を刺激しないように隠し録りするほうがいいでしょう。最近では1万円前後で性能のいい小型レコーダーなどもあります。

（3）会社とのやり取りを録画する

録画は録音よりさらに証拠能力は高いといえますが、隠し撮りをするのは要領が必要です。

「君は業績が悪いから辞めてくれ」と言われたときの対処法

〝肩たたき〟をするとき、上司や幹部は「君は業績が良くない」とか、過去の仕事のミスなどを持ち出して「君は会社に損害を与えた」とか言ってくることが多いようです。

しかし、これは肩たたきの常套句であって、根拠がないことが多いものです。

「会社に損害を与えた」というのは、退職させたいがための言いがかりに過ぎません。

もし本当にそうなら、ミスをしたときにそれなりの処分を受けているはずです。

また「業績が悪い」というのも、ただの言いがかりが多いのです。

前述のように、日本の会社では社員の業績に関して、きちんと評価査定していることは少ない数字で評価ができにくい仕事ならば、なおさらです。

「業績が悪い」ということで、会社が解雇する場合は、それが客観的で合理的な査定に基づいたものであることを証明しなければならないのです。

つまり同じ仕事をしている他の社員より明らかに仕事をしてない、という証拠がなければならないのです。

だから、「業績が悪いから辞めろ」と言われた場合、自分がこれまでやった仕事をきちんとまとめて業績書を提示して対抗することができます。

業績書の作り方

では、その業績書の作り方を簡単にご説明しましょう。

技術職の場合は、自分の担当した仕事の写真や仕様書などのコピー、営業職ならば自分の売上成績やそれに伴う利益率、顧客との対応記録を年度別にまとめます。昇給や報奨金なども重要な証拠となるので、その状況をまとめておきます。

（1）営業職の場合

●各年度の自分の営業成績
●各年度の営業所内での成績順位（わかる範囲で可）
●成績表彰、報償金など
●新規開拓した顧客のリスト（わかる範囲で可）
●昇給の状況を具体的に書く（わかる範囲で可）
●歩合給の状況を具体的に書く（わかる範囲で可）

（2）総合（総務）職の場合

●各年度の自分の所属した部署と業務内容を具体的に書く
●昇給の状況をわかる範囲で具体的に書く（わかる範囲で可）

●報奨金などを具体的に書く（わかる範囲で可）

●自分の手がけた案件プロジェクトなどを時系列に具体的に書く
●報奨金などを具体的に書く（わかる範囲で可）

（3）技術職の場合

早期退職優遇制度に応じたほうがいいか？

昨今は、会社も無茶な退職勧奨をすれば社会に叩かれるということがわかってきているので、退職に際して非常に有利な条件を持ち出すことも増えています。

「今辞めれば退職金を倍払う、再就職先は必ず世話をする」などの条件を出す、いわゆる〝早期退職優遇制度〟というやつです。

この場合も、いくらその条件が魅力的でも、その場で退職の承諾をしてはなりません。基本的に退職勧奨は受けないほうがいいのです。

なぜかというと、いくら条件が良くても、あなたにはまだ「退職の準備ができていない」からです。会社を辞めるには準備が必要なのです。ちゃんと準備をしているなら、会社を辞めても大丈夫です。しかし、そうではないなら受けるべきではないのです。

退職勧奨を受ける、ということは、会社がつくったタイミングで辞めるということです。あなたのタイミングで会社を辞めるわけではないのです。それはあなたにとって、「何の準備もないのに、戦場に放り出される」ということを意味します。

いくら条件が良くても、何の準備もなく退職するより、職にとどまっていたほうが有利な場合が多いのです。たとえば、退職金に2000万円の上乗せがあったとしても、収入がなくなれば4、5年でなくなってしまうのです。

もし1億円の退職金の上乗せがあるというのだったら、10年早く辞めてもいいでしょうが、そんなことはまずありません。

「でも、会社は危ないんだから、退職金が多いうちに辞めたほうがいいんじゃないか」

「下手に残っても、退職金はもらえないいんじゃないか」

と思う人もいるでしょう。

その心配もごもっともです。

でも、本当に危ない会社というのは、早期退職優遇制度などは行いません。これを行っているということは、まだ余裕があるということなのです。だから、辞めるよりは残ったほうが安全といえるでしょう。

無茶な解雇に対抗する方法

昨今のリストラは、プロの整理屋やリストラマニュアルに則《のっと》った巧妙なものになっています。

しかし、いまだに無茶なリストラをしてくる企業もあります。

その場合もっとも効力があるのは、**裁判所に「地位保全」「賃金の仮払い」を求める仮処分の申請をする**ことです。

「地位保全」というのは、その会社の社員であるということを内外に認めさせることです。

「賃金の仮払い」というのは裁判で「解雇無効」の判決が出るまで待っていたら、労働者はその間の収入が途絶えるので、会社に対して「まだ正式に判決は出ていないが給料は仮払いしておきなさい」という命令のことです。

仮処分が決定されれば従来通り働くことができるうえ、給料も支払われることになります。また仮処分には法的拘束力があるので、会社は従わなければならないのです。

地方裁判所に「仮処分申請書」を提出すると、会社側と労働者側の双方を呼び出して、尋問が行われ、２カ月～６カ月で決定が出ます。この仮処分の申請は、迅速さが要求されるので、弁護士に頼んだほうがいいでしょう。

会社と裁判する場合、この仮処分が出るまでが我慢のしどころです。

これが出てしまえばどれだけ裁判が長期化しても、給料も身分も実質的に保証されているので、あとはゆっくり今後の方針を立てることができるのです。

「自己都合退職」と「会社都合退職」どっちが得か？

肩たたきなどをされたとき、状況を冷静に分析しても辞めたほうがいいケースというのも確かにあります。

一部の幹部、上司とそりが合わずに、肩たたきの対象とされたという程度なら、絶対に頑張って会社に残るべきです。

しかし自分の味方がほとんどおらず、まったく四面楚歌の状態ならば、会社にいても精神衛生上、よくありません。

その場合は、会社を辞めるという選択肢もアリでしょう。

しかしながら会社を辞める場合、少しでもいい条件で辞めなければなりません。

まずは、粘ってゴネてなるべくいい条件を引き出すことに専念しましょう。

いよいよ辞めるということになったとき、「自己都合退職」がいいか「会社都合退職」がいいかという問題が生じます。

「会社からクビになるより自分から辞めたほうが体裁がいい」と考えるサラリーマンも多いようです。

退職を打診してきた上司などが、「解雇になるより、自己都合で辞めたほうが、再就職でも有利だろう」などと言ってくる場合もあります。

しかし、これも冷静に考えなければなりません。

まず金銭的に自己都合で辞めたほうが得か、解雇されたほうが得か、ということを考えてみましょう。

ほとんどの企業で、通常の場合、解雇のほうが自己都合退職よりも、退職金が高い場合が多いのです。

だからまずしなければならないことは、就業規則を見て、自己都合と解雇の場合の退職金を比べることです。

また早期退職優遇制度などの有無によって、変わってきますので、その辺の計算ももちろんしなければなりません。

次に、退職したあとの人生計画との兼ね合いがあります。

というのも、自己都合退職の場合は、会社都合退職よりも失業手当の総額が低くなるのです。

しかも退職して3カ月後にしかもらえないのです。

もし、次の就職先が決まっている場合（失業保険が必要ない場合）は、退職金さえ多ければ自己都合でも構わないでしょうが、そうでない場合は、失業手当のことも考えなくてはなりません。

もし47歳で自己都合退職した場合、最大１５０日分しか失業手当がもらえません。しかし会社都合ならば最大３３０日分がもらえるのです。

倍以上違います。

自己都合のほうが、再就職で有利かどうかというのも、微妙なところです。

自己都合退職であれば、「会社から辞めさせられたわけではない」という形にはなりますが、「この不景気に辞めるのはわがまま」だととられることもあります。

自己都合のほうが会社都合よりも再就職では有利である、とは必ずしもいえないようです。

リストラを阻止するために労働組合をつくる

会社がリストラをしたとき、サラリーマンとして有効な対処法に、「組合をつくる」というものがあります。

労働組合は、「会社と一個人との関係はどうしても会社のほうが強くなりがちなので、個人が団結する権利を認めましょう」という制度です。

普通ならば、暴力行為や強要となることでも、組合の活動ということならば認められるようなものもあるのです。

現行の法律では、労働組合は様々な法的保護や特権を受けています。会社と闘うとき、これを利用しない手はないのです。

労働組合は、労働基準法、労働組合法、労働関係調整法などに規定された特権があります。

主なものに次のようなものがあります。

●団結権…労働組合をつくる権利

●団体交渉権…組合で会社の経営者などと就労条件などを交渉できる権利、この権利がなければ強要罪で訴えられる恐れもあります

●ストライキ権…ストライキなどをする権利。この権利がなければ建造物侵入罪などで訴えられる恐れもあります

この制度をうまく使えば、サラリーマンにとっては強力な武器になるのです。

「労働組合を自分でつくる」となると大変で、とてもそんなことはできないと思っている人も多いでしょう。

しかし、労働組合をつくることは驚くほど簡単です。

「労働組合」を成立させるには、そんなに複雑な手続きは必要ではないのです。極端な話、あなたの他にだれか後一人の参加者がいれば、その時点で労働組合はできたということになります。

労働組合の結成に関しては、あらゆる思想、階級、身分の人が簡単に労働組合をつくれるようにわずらわしい手続きや規約などは設けられていないのです。

労働組合というのは、本来、敷居が非常に低いものなのです。

旧労組法では行政機関への届出が必要でしたが、今ではそれすら必要ありません。会社側の承認を受ける必要もないのです。

つまり労働組合を結成するためには、2人以上の組合員という実体があればもうそれで充分なのです。

労働組合結成の一般的な流れ

①発起人と同意者で、結成準備委員会をつくる

②組合規約の原案などを話し合う
↓
③結成趣意書を配布し参加を呼びかける
↓
④組合結成大会を開き、組合の規約をつくる
↓
⑤会社側に労働組合結成通知を行う

この手順を見ると、何か大袈裟なもののように思われるかもしれませんが、実際は名目上のものがほとんどです。

また右記の流れを必ず踏まなければならないということはありません。要は労働組合の実体があるということのアピールを内外にすればいいだけの話なのです。

本来は、２人以上の労働者が自分たちの労働者としての権利を守るために集まっているという事実だけで、労働組合として認められます。

ただ現実問題として、組合をつくったということをだれも知らなければ、組合活動をしたとき、それが組合活動であるかどうかという判断がつきにくいので無用なトラブルが生じることになります。

なので、とりあえず、内外に対するアピールだけはしておいたほうがいいのです。ただ組合の存在を表沙汰にすれば会社から無用な圧力をかけられる場合もあるので、秘密裏につくっておいて、いざというときに組合の存在をアピールする、という手もあります。

重要なポイントは、「二人以上の組合員の参加」と「組合の規約の作成」、「会社側に対する結成通知」だけであり、ほかのものは端折《はしょ》ったり簡単に済ませたりしてもいいのです。

労働組合と認められるための要件

労組法では、労働組合としての要件を定めていますが、それを要約すると次のようになります。

①労働者が主体となって組織されていること。
②労働条件や労働者の経済的地位の向上が目的であること
③複数の組合員がいること
④役員や規約など、組織としての形態があること

わずかこれだけの要件を満たしていれば、労働組合として認められるのです。労働組合が簡単にできるということは、これで理解していただけたでしょう。

またこれらの要件のほかに次の要件を満たせば、労働委員会の不当労働行為救済手続きなども受けることできます。

①組合員の均等待遇
②人種・宗教・性別・門地および身分による差別の禁止
③組合役員の直接無記名投票による選挙の実施
④総会の開催

⑤財源の監査証明や公開

これらの要件も大したことはないので、すぐにクリアできるはずです。たったこれだけのことで、もう立派な労働組合なのです。

「リストラする前に役員を削れ」と主張しよう！

労働組合をつくる最大のメリットは、リストラが難しくなる、ということです。労働組合がなければ、会社は適当な理由をつけて、内々のうちにリストラをしてしまおうとします。

幹部たちで「ちょっと人数減らしましょう」という話になり、肩たたきなどをして辞めさせてしまうのです。

しかし労働組合をつくれば、会社はリストラをするとき、きちんと説明をしなければならなくなります。

なおかつ経営陣は、リストラをする際には、まず自分たちの身を削らなくてはなりません。なぜなら、経営が悪化しているなら、もっとも責任を取るべきなのは、経営陣だからです。

経営陣がまったく身を削っていないのにリストラをする、となると、まずその点が格好の攻撃目標となります。

「リストラをする前に、役員の人数を半減しろ」

「リストラをする前に、役員の報酬を半減しろ」

と会社に主張すればいいわけです。

そして、役員の報酬額のリストを会社に開示させ、減額目標と減員目標を労働組合の側から提示するのです。

労働組合の主張に対して、会社は真摯にこたえなければならない義務があります。

また「社員を削る前に、経営陣が責任を取れ」ということは、社会通念上、まっとうな要求でもあります。

この主張を行えば、企業の大半はリストラなど行えなくなります。

労働組合というのは使い勝手のあるものなのです。

一人で入れる労働組合とは？

前項では、労働組合を自分でつくる方法を紹介しましたが、「労働組合を自分でつくるのはちょっと……」と思っている人も多いでしょう。

そういう方のために、個人で加入する労働組合のことをご紹介しておきます。

最近では個人で入れる労働組合はいくつもあります。中間管理職は会社の労働組合には入れない場合もありますが、中間管理職者のための労働組合もあるので、諦めることはないのです。

労働組合というと、「職場の労働者が団結して会社と争うもの」と考えている人も多いでしょう。

しかし、労働組合というのは、必ずしも、その職場の人間が団結してつくらなければならないというものではありません。

まったく違う職場の人間同士が、集まって労働組合をつくることも法的には認められていて、そういう個人参加型の労働組合も、普通の労働組合とまったく同じ恩恵を受けられるのです。

最近起《た》ち上がって来た個人参加型の組合は、クールに労働者の利益だけを考えたものが多く、以前の労働組合の独特の政治運動的な雰囲気はあまり感じられません。

また近年「職場でつくった労働組合」への参加が減ってきていることから、既存の労働組合の母体となる組織などが個人参加型の組合を支援したりするケースも多いようです。

個人参加型の労働組合を探すには「個人」「労働組合」で検索してみてください。

ブラック企業が日本人の収入を引き下げている

現在、日本では、きちんと働いているのに、生活保護基準以下の収入しか得られない人もたくさんいます。

その原因の一つが**ブラック企業の存在**です。

昨今、「ブラック企業」という言葉が時々使われます。

ブラック企業とは、労働基準法を守らずに、めちゃくちゃな残業、休日出勤をさせたり、べらぼうなノルマを課すなどの違法性の高い企業のことです。

筆者は国税調査官として、たくさん企業を見てきましたが、日本にはブラック企業は腐るほどあります。

それはそれは、びっくりするほどです。

中小企業なんて、サービス残業がない会社のほうが珍しいのではないでしょうか？

大手は一応、残業手当の基準はありますが、もらいにくいシステムになっていることなどはザラです。

サービス残業というとオブラートに包んだ言い方ですが、実際は「ただ働き」です。サラリーマンというのは、自分の労働を会社に販売しているわけですから、「ただ働き」というのは自分のものを盗まれているとも言えるのです。

よく考えてみてください。

サラリーマンというのは「労働」を会社に販売しているのです。原則的にサラリーマンの「労働」は、時間あたりいくらということで計算されています。

ということは、サービス残業をさせている会社というのは、「社員の労働時間を買っておきながらお金を払わない」つまり無銭飲食や泥棒と同じなわけです。

また有給休暇というのも、労働条件の中に定められたサラリーマンの報酬の一部です。サラリーマンの給料というのは、有給休暇を差し引いた労働日数のうえで支払われているのですから、有給休暇が取れない状況というのも、泥棒と同じことです。

労働基準法を少し勉強したことがある人なら、「サービス残業」や「有給休暇が取れない」ことが法律に明らかに違反していることを知っているはずです。

労働基準法を知らない人でも、「サービス残業は本当はいけないんじゃないか」と薄々気づいている人がほとんどでしょう。

しかし、サービス残業や有給休暇が取りにくい状況は、日本の企業では珍しいことではありません。

先ほども言ったように、一流と言われる企業でもサービス残業が公然と行われているケースは多いのです。

会社としては、なるべくなら安い賃金で、労働者をこき使いたいというのは自明の理です。またサラリーマンとしては、サービス残業に不満があっても、自分の立場を考えるとなかなか言い出せないのです。

つまり「雇用関係」というものを考えると、放っておけば労働者に不利に傾いていくのは避けられないのです。

だから、本来は、国がきちんと企業に労働基準法を守らせるべきなのです。

ところが、日本の場合、国はなかなかそれをしないのです。

国には、下手な経済政策をするよりも、まずはそういう基本的な労働環境を整えてほしいものです。

残業手当がきっちり支払われたり、休暇がしっかりとれたりするようになれば、大きな経済効果もあるのです。

残業手当がもらえれば、サラリーマンの手取り給与が増え、きちんと休暇が取れれば、レジャーなどの消費が増えるわけです。日本の企業全体が、労働基準法をきっちり守るだけで、莫大な経済効果が見込めるわけです。

といっても、何度か言いましたが、国というのは動きが遅いので施策を待っていては自分の身が持ちません。

だから、今、ブラック企業で働いている人は、早急に対策を練らなければなりません。

一番いいのは、ブラック企業などには勤めないことです。

もしブラック企業に入ってしまったら、さっさと辞めてしまうことです。

でもブラック企業といえども、経済的な事情などがあって、簡単に辞めることができない場合もあります。

そういう場合に、辞めずに労働環境を整えるには、どうすればいいか、という方法をいくつかご紹介していきたいと思います。

サービス残業代を穏便に取り戻す方法

前項でも述べましたが、サービス残業というのは、企業にとって明らかに違法行為です。しかしながらサラリーマンの立場では、なかなか会社に「残業代をくれ」とは言えません。

だから、これだけ多くのサラリーマンが泣き寝入りしているわけです。

なので、まずは会社との関係を悪化させずに、残業代を取り戻す方法をご紹介しましょう。

それは非常に簡単です。

労働基準監督署を使えばいいのです。**労働基準監督署というのは会社に労働基準を守**

らせるための役所です。

残業代を払っていないとか、有給休暇を取らせていないとか、そういう会社を取り締まる役所です。

「サービス残業」や「有給休暇が取れない」という職場環境は、明らかに労働基準法に違反しているので、労働基準監督署に通報すれば動いてくれます。

もしその事実を把握していながら見逃していたら、労働基準監督署自体が責任を問われることになるので、労働基準監督署としては動かざるを得ないのです。

また労働基準監督署には匿名で告発することもできます。匿名で受け付けるといっても、会社にはわかってしまうんじゃないか、と思われるかもしれませんが、公務員には、守秘義務があるので、労働基準監督署側が会社に、告発者の名前をもらすことはあり得ません。

労働基準監督署に通報、告発する具体的な手順は次の通りです。

まずサービス残業の状況をなるべく詳細に記録します。

●何月何日に何時間したのか？
●業務内容はどんなものだったのか？
●毎月、何時間のサービス残業があるのか？

などです。

サービス残業というのは、会社に残ってした仕事だけとは限りません。

早朝出勤や休日の取引先との打ち合わせや持ち帰りの仕事などもサービス残業に含まれます。

また自発的に残業した場合でも、それが業務上やむを得ないものであり、上司も黙認していたものであれば残業に入ります。

「これ明日までやっておいて」

などと上司から言われて、それが到底正規の就業時間内に終わらないものであれば、持ち帰ったり自発的に残業したりしても、正規の残業となるのです。

それらの残業には当然、割増賃金が支払われなければならないのです。

サービス残業の状況を記録したものを持って労働基準監督署に行き、「労働基準法違反を告発したい」と言ってください。その先は、窓口の人の誘導に従ってください。

ただし労働基準監督署というのは、「お役所」なので、使うにはコツがいります。

まず、「サービス残業」などの不当労働行為があっても、その実態があいまいであればなかなか動いてくれないのです。

だから、サービス残業などの不当労働行為が行われている状況を詳しく記録に残して提出する必要があります。

また労働基準監督署は「お役所」なので、忙しいときなどには難癖をつけて相談者を帰そうとすることもありえます。

その場合は、文書にして送るのがいいでしょう。

役所は口頭で相談された場合は、適当に追い返すことができますが、文書で送られると、記録が残るので動かざるを得ないのです。

そして労働基準監督署に相談した際には、職員の名前をしっかり聞いておきましょう。職員は名前を尋ねられると、後々自分の責任になることがわかっているので、うやむやに処理したりはしないのです。

倒産した会社に未払い賃金や退職金を払ってもらう方法

ブラック企業の中には、給料をまともに払わない会社（未払いになっている会社）や、倒産したり閉鎖したりして、そのまま未払い給料や退職金を払わないようなケースもあります。またアルバイトなどでは、給料が決められた通りに払われないことも多いようです。

なんとも迷惑な話です。

こういう会社の突然の倒産で、生活が破綻してしまうという人もかなり多いのです。しかも急に倒産した企業の経営者というのは、自分はいい思いをしていることが多いのです。

彼らは絶対にとっちめるべきです。

そうは思っても、なかなか対処法がないのが現実で、泣き寝入りしてしまうケースがたくさんあります。

しかしなす術がないわけではありません。

前述したように、日本の法律では労働者に大きな権利が与えられていますので、それをうまく使えば、ブラック企業をとっちめて、自分の給料も取り戻すことができるのです。

ここで未払い賃金、退職金を払わせる方法をいくつかご紹介していきましょう。

サラリーマンには会社の資産を差し押さえる権利がある

まず一番手っ取り早いのは、会社の持っている債権を押さえてしまう方法です。簡単に言えば、会社の中で金目のものを確保してしまうのです。

未払い賃金などの「労働債権」というのは、法律では他のどの債権にも優先することになっています。

だから、原則的には会社に資産が残っていて未払い賃金がある場合は、会社はその支払いを最優先しなければならないのです。

他の債権者が会社の資産を差し押さえていたとしても、まずは未払い賃金の支払いに充てられます。

しかし会社が倒産したような場合、実際は「早い者勝ち」ということになるケースが多いようです。

倒産した直後は、どさくさにまぎれていろいろな人が出入りするので、会社の資産の全体が判明しにくいためです。

だから、会社が倒産したり、倒産しそうだとわかったりしたら、即座に会社の資産を差し押さえてしまうべきです。

しかしこれを個人で行うと、下手をすると窃盗などになりかねないので、労働組合をつくって、「労働債権を守るために会社を占拠した」とするのが、もっとも妥当な方法でしょう。

なんだか大げさに見えますが、やり方は簡単です。

「労働組合をつくったこと」と「労働債権を守るために会社を占拠したこと」を文書で会社の代表者に送るだけで、一応の法的な要件は終了です。

占拠する場所は、会社の事務所のみならず在庫が置かれている倉庫など、会社のめぼしい資産がある場所はすべてです。

そして、だれが来ても会社に入れてはいけません。

だれかに資産を持っていかれたら、そのままになってしまう可能性が高いからです。会社の代表者や役員が来ても同じです。特に会社の通帳や現金などを代表者に持ち出させたりしてはいけません。

通帳や現金を確保するときも、あらかじめ会社の代表者に「退職金や給料が払われるまで自分が保管しておく」ということを文書で通告しておきましょう。

また、これらを有効な手続きとするのは、迅速さと専門的な知識が要求されるので、大手の個人加入組合組織に相談するか、労働問題専門の弁護士に相談したほうがいいかもしれません。

未払い賃金を国に支払ってもらう方法

会社が倒産して、退職金や未払い賃金をもらえなくなった場合の国の救済制度で、「未払賃金立替払制度」というものがあります。

未払賃金立替払制度とは、人労働者健康安全機構という国の機関が倒産して退職金などの未払い賃金を払えなくなった会社の代わりに、それを払ってくれるというものです。

立替払いなので、人労働者健康安全機構はその分を会社に請求することになりますが、会社が払えなかったからといって、立替分を返さなくてはならない、ということはありません。

ただ退職金の場合は、就業規則に退職金の額が定められた場合のみしか適用されません。

そのため規則で決められておらず慣習的に払われているような退職金は適用外になります。

また未払い賃金の８割が上限で、年齢に応じて、次のように限度額が定められています。

30歳未満	88万円
30歳以上40歳未満	１７６万円
45歳以上	２９６万円

少額訴訟で簡単に未払い賃金を取り戻す

未払い賃金を回収するとき、その会社が継続していたり、経営者にそれなりに資産が残っていたりすることがわかっている場合は、少額訴訟を起こすという方法もあります。内容証明郵便を出して催促するという手もありますが、それだけでは強制力がないのでなかなか払ってくれないものです。

しかし少額訴訟ならば法的拘束力があるので、払わざるを得ないのです。

少額訴訟とは市民間の規模の小さなもめごとを少ない時間と費用で迅速に解決することを目的として、平成10年1月1日からスタートしたものです。

30万円以下の金銭の支払いをめぐるトラブルに限って利用でき、何度も裁判所に足を運ぶことなく、原則として1回の審理で判決が出ます。

会社が倒産して経営者が所在不明になっているような場合の未払賃金回収などにはあまり役に立ちませんが、相手の所在がわかっているときには有効な方法だといえます。サービス残業代の請求や未払いのアルバイト料の回収には効力を発揮するでしょう。

少額訴訟制度では、特別の事情がある場合を除き、最初の日に当事者双方の言い分を聞いて、なおかつ証拠を調べ、直ちに判決が言い渡されます。

また少額訴訟手続は、相手方が異議をとなえない場合にはどんどん審理が進められます。

被告（会社）が少額訴訟手続に同意しないでも、審理は進められます。

そのため訴訟を起こす場合は、会社がその事実に対して反論してこられないような十分な証拠がなければなりません。

少額訴訟手続の審理では、最初の期日までに、自分の全ての言い分と証拠を裁判所に提出しなければならないのです。

証拠は最初の期日にすぐ調べることができるものに制限されています。

また少額訴訟には、次のような注意点があります。

●その請求が正当だとしても、状況によっては分割払、支払猶予、遅延損害金免除の判決が出ることもある

●少額訴訟判決に対して不服がある場合には、判決した同じ簡易裁判所に異議申立をす

ることができるだけで、地裁に控訴はできない

おわりに

「いざとなったら生活保護がもらえる」

それは自分の人生にとっての命綱であり、社会の安寧《あんねい》にも必要なことだと思われます。自分の力で稼いでその収入で生きていくというのは、人にとって大きな喜びであり、責任でもあるでしょう。

しかし、人生何があるかわかりません。

病気やケガで働けなくなることは、決して珍しいことではありません。また不景気で会社がつぶれたり、どうしても再就職先が見つからなかったり、どんなに頑張って働いても、最低限度の収入さえ得られないような場合もあります。

そういうときのために、近代国家には「生活保護」があるのです。

が、本文でも述べたように日本の生活保護という制度は、お世辞にも使い勝手がいいとは言えません。本当に必要な人にとっては非常にハードルが高いものとなっており、ズルをしても、もらえるものはもらおうと割り切っているような人には、ハードルが低いものとなっているのです。

それは、もちろん政治家や官僚が悪いと言えます。が、多くの国民が、この制度にあまり関心を持ってこなかったことも大きな要因だと思われます。

ほとんどの人は「自分には関係ない」「縁起でもない」という感じで、この制度についてきちんと知ろうとしてこなかったものと思われます。その結果、国民全体がこの制度についてチェックを怠ってきたとも言えるのです。

民主主義というのは、政治家や官僚にすべてを委ねる制度ではありません。彼らのやっていること、彼らがつくったシステムなどを常に国民はチェックしておかなければなりません。

そうしないと民主主義は腐っていくのです。生活保護というのは、長い間、国民のチェック機能が働いていないので、相当腐りかけているようです。

「今一度、生活保護の基本を知り、この制度について考える」

それが本書のテーマでもありました。

最後に、かや書房の岩尾悟志氏をはじめ、本書の制作に尽力いただいた皆様にこの場をお借りして御礼を申し上げます。

著　者

2025年初頭

大村大次郎（おおむら・おおじろう）

大阪府出身。元国税調査官。国税局で 10 年間、主に法人税担当調査官として勤務し、退職後、経営コンサルタント、フリーライターとなる。執筆、ラジオ出演、フジテレビ「マルサ!!」の監修など幅広く活躍中。主な著書に『億万長者は税金を払わない』（ビジネス社）、『あらゆる領収書は経費で落とせる』（中公新書ラクレ）、『会社の税金　元国税調査官のウラ技』（技術評論社）、『起業から２年目までに知っておきたいお金の知識』『河野太郎とワクチンの迷走』『ひとり社長の税金を逃れる方法』『マスコミが報じない〝公然の秘密〟』『国税調査官は見た！ 本当に儲かっている会社、本当は危ない会社』『相続は〝普通の家庭〟が一番危ない』（かや書房）など多数。You Tube で「大村大次郎チャンネル」を配信中。

いざという時の生活保護の受け方

2025 年 2 月 7 日　第 1 刷発行

著　者　　大村大次郎

発行人　　岩尾悟志

発行所　　株式会社かや書房

〒 162-0805

東京都新宿区矢来町 113　神楽坂升本ビル 3 F

電話　03-5225-3732（営業部）

印刷・製本　　中央精版印刷株式会社

IISBN978-4-910364-66-7　C0095